組織力を高める

最強の組織をどうつくるか

古田興司＋平井孝志
Furuta Koji *Hirai Takashi*

東洋経済新報社

はじめに

「組織力」はビジネスマンと企業の「一生」を左右する

組織の力の差はどこからくるのか、それを高めるためにはどうすればいいのか——この種の疑問は、ビジネスマンであれば誰もが一度や二度、考えたことがある疑問ではないだろうか。競争力を強化するためには、組織をどうつくり変えればいいのか、そのために一社員である自分自身はどうすればいいか——組織の中で生きなければならないビジネスマンにとって、組織の力、すなわち「組織力」は絶えず気になる関心事の一つである。

ビジネスマンが組織の中で嫌が応でも仕事をしなければならないのなら、そのような組織の力すなわち「組織力」が、自分の仕事や業績を左右するのは当然だ。だが、それだけではない。「組織力」は、企業の業績や力をも当然大きく左右するものだ。

もちろん、企業の業績や力をすべて「組織力」のせいにすることはできない。企業の業績や力には、さまざまな要素（たとえば戦略やオペレーションのみならず、経営者やコーポレートガバナンス、技術や系列グループなど）が関係しているからだ。

にもかかわらず、同じような戦略が設定され、同じようなオペレーションのやり方をしていても、組織によって業績に大きな差が出てしまうことがある。そうだとするならば、それはやはり、組織の力、すなわち「組織力」に差があるからではないだろうか。

そのように、「組織力」はビジネスマンの仕事や人生、また企業の行く末をも左右するほど重要なものにもかかわらず、それを前面に取り上げた書籍は意外に少ない。世の中には、組織設計や組織論に関する書籍は山ほどあるし、リーダーシップに関する書籍も巷にあふれている。しかし、組織の力を正面から取り上げ、組織とそれを構成するマネジャー、メンバーの関係性について議論し、なおかつビジネスマンが日頃の業務を行ううえでも役に立つ、そんな実践的な書籍は驚くほど少ない。

そこで本書では、「組織力」を前面に取り上げ、それを高める実践的な方法を模索している。

もちろん、「組織力」も企業の業績や力と同様、さまざまな要素が絡んでいるため、一つの側面からだけ考えることは難しい。組織構造や組織風土はもちろんのこと、人事・評価制度、企業理念なども「組織力」に大きく影響を与えるからだ。

しかし「組織力」にとって最も重要な要素は、実は組織に属するビジネスマン一人ひとりの小さな行動様式の違いにある。全体にとっては小さく見える個々人のレベルでの差異が組織全体で積み上がっていくことにより、根本的な「組織力」の差が生まれてくるのである。

そのため、ビジネスマンと企業の「一生」を左右するそのような「組織力」を高めるためには、まず、自分たちの行動様式を変革し、結果を出して、組織全体に自らの影響力を広げていくことから始めなければならないのだ。

そこで、ビジネスマンが行動様式を変革するための実践的な方法として、どのようにすれば正しい方向性を見抜くことができるのか、それがわかれば今度はそれをどのように実行していくのか、といった二つの視点で本書は議論を進めている。そして、これらの行動様式の積み重ねである企業の「組織力」も、組織がどのように正しい方向性を向き、それをどう実行していくかという二つの視点で捉えている。

よってこれ以降、「組織力」を「自らを変革し結果を出していく力」と定義し、

- なぜ「組織力」の差が生まれるのか
- どのようにしたら「組織力」を高めることができるのか
- その中で、ビジネスマンとしての資質をどう高め、どう発揮していくのか

という観点から、「組織力」にまつわるビジネスマンにとっての具体的な処方箋を模索していく。

なぜ、いま組織力か

「組織力」を考えるにあたって、これまでの日本企業に「組織力」ははたしてあったのか、あったとすれば現在とどのように違っていたのか、というところから話を始めたい。

戦後の高度成長期は、「つべこべ言わず、さっさとやれ！」と上司から怒鳴られて、納得するしないにかかわらず、何事もやらされてきた感がある。やらされる側も、給料をもらうということは、そういうものだと思っていた。

その反面、上司は部下の個人的な面倒をよく見ていた。終身雇用、年功序列、企業内組合といった日本的経営の三種の神器がうまく機能し、家族主義的な制度・風土の中で、そのような雇用関係はごく普通のこととして受け止められていた。

このような右肩上がりの時代には、企業の業績も拡大するのが当たり前で、企業間に差はあるものの、それぞれの企業がそれぞれの企業なりに業績を伸ばしており、生きるか死ぬかの差ではなかった。すなわち、「右肩上がり」という時代背景や経済環境が、個々の企業が持つ「組織力」の優劣の差を吸収し、その差が大きな業績の差となって現れることを和らげていたのである。

しかし、一九八〇年代のバブル発生と崩壊を境に、時代は大きく変わってしまった。

かつての高度成長期のような経済成長をふたたび期待することは、もはや不可能だろう。日本の人口は二〇〇六年の一億二八〇〇万人をピークに、長期の人口減少過程に入ることが予測されているし、企業を取り巻く環境はより複雑で変化の激しいものになっている。フリーターの増加など、若い社員の職業観も多種多様になっており、会社への高い忠誠心とそれによる頑張りが、成長の原動力となることを期待することも難しい。

「成長する大きな市場と豊富で均質な労働力が自然に手に入る」という恵まれた時代が終わったいま、「組織力」の差が大きな業績の差になって現れてきている。「組織力」をどう高めていくかは、企業の生死の分かれ目にすらなりかねない。過去の成功要因や遺産に依存することなく、「組織力」を高めるために、対症療法ではない真の解決策を見つけ出さなければならない時代になっているのだ。

組織力の鍵をにぎるマネジャーとは

「組織力」を高めるという課題を考えると、どうしても「それは社長・経営陣の仕事だ、うちは社長がダメだから組織力を高めるのは難しい」といった声が聞こえてきそうである。たしかにそれには一理あるが、もちろんそれがすべてではない。

実は、この「組織力」を高めるうえで大きな鍵をにぎっているのはマネジャーだ。マネジャーは組織の中である程度の経験と権限を持ち、経営にも現場にも関わっていける立場にある、まさに「組織の要」なのである。『プロジェクトX』で紹介されるような右肩上がりの時代の「モーレツ」マネジャーもそうだし、たとえ形は変わっても、現在のマネジャーもまた「組織の要」である。そして、強い企業・強い組織には必ず優れたマネジャーが多く存在している。

マネジャーは企業によっては係長、課長、部長あるいはグループリーダーなど、さまざまな呼ばれ方をするが、大きいか小さいかは別にして「チームメンバーを率いるリーダー」のことを本書ではマネジャーと定義している。マネジャーは決して哀愁漂う中間管理職ではない。経営と現場をつなぎ、組織とそこに属するメンバーがＷｉｎ・Ｗｉｎの関係をつくり出せるか否かの鍵をにぎる最重要人物なのである。企業の強さ・弱さは、マネジャーのレベルで決まるといっても過言ではないだろう。

マネジャーは何をすべきか

では「組織力」を高めるという側面で考えてみた場合、具体的にマネジャーは何をすればよいのだろうか。

まずは、もちろん経営課題を自らの問題と捉え、マネジャーとして自分はどうすればよいかということを常に考えることが大切だ。

ただ、それだけではない。詳述は第1章「『組織力』とは何か」に譲るが、マネジャーは、結果を出していく「遂行能力」と、環境の変化に合わせ進むべき方向性を正しく把握・修正していく「戦略能力」という二つの組織の能力を向上させることが必要なのだ。マネジャーがその組織の「遂行能力」と「戦略能力」を支えていかなければ、強い「組織力」をつくり上げていくことはできない。

以上を踏まえ、本書はとくにマネジャーの視点から「組織力」を考える構成となっている。どうすれば自分の会社をより強い組織に変えていけるのか、どうすればよりよいリーダーになれるのか、といった悩みを持つマネジャーや、これからマネジャーになろうとしているビジネスマンに、一つでも二つでもヒントを提供できればその目的を達したことになるのではと考えている。

本書は、二〇〇四年はじめに出版された西浦裕二『経営の構想力』、遠藤功『現場力を鍛える』（ともに東洋経済新報社）に続くものである。ちょうど、企業組織を経営の視点から見た『経営の構想力』と、現場の視点から見た『現場力を鍛える』の両著に対して、マネジャーの視点から見た組織・リーダーシップの本となっているということもあわせてお伝えしておきたい。

また、東洋経済新報社で本書を担当し、辛抱強く見守りながら常に適切なアドバイスを与えていただいた大貫英範氏、ならびに中里有吾氏に心より感謝申し上げたい。

組織力を高める——最強の組織をどうつくるか——目次

第2章 なぜ「組織力」が発揮できないのか

第4章 組織の戦略能力とマネジャーの「戦略マインド」

1

CHAPTER

第 1 章

「組織力」とは何か

強い「組織力」を持てるか否か、このことがまさに企業の生死・ビジネスマンの人生をも左右してしまう時代となった。

そんな「組織力」は「遂行能力」と「戦略能力」の掛け算で定義される。そのどちらかが欠けても強い組織をつくることはできない。

そしてその鍵をにぎるのがマネジャーである。マネジャーは「哀しき中間管理職」ではない。マネジャーは自らの「恵まれた立場」を再認識し、奮起すべきなのだ。

1 「組織力」は「遂行能力」と「戦略能力」の掛け算

企業は利益を出してこそ

企業は、社会からヒト・モノ・カネを借りてそれを活用し、社会に価値を還元する一つのかたまりである。近頃、企業の社会貢献や環境への取り組みの重要性も盛んに議論されているが、本業で利益を上げ、生き延びなければ、それもかなわない。まずは、企業としての競争力を高め、本業で結果を出していくことが企業の大前提である。

最近はデフレ経済が長期化し、本当に意味のあるモノやサービスでなければ消費者に受け入れられない時代になってきている。また、インターネットをはじめとする情報化の進展により、消費者がより多くの情報を手軽に入手することができるようになり、本当に自分がほしいモノを見極める力も高くなってきた。

このような環境にあるにもかかわらず、他社と同じことを同じようにやっていては、利益を上げることは容易ではない。言い古されたことではあるが、利益を上げていくためには、消費者ニーズの変化に確実についていき、それに対して自社ならではの明確な差別化を図っていかなければならないのだ。

情報化の進展は、そのようなメリットを消費者にもたらしただけではない。情報化の進展は、どのような戦略がうまくいったか、どのようなオペレーションのやり方がよいのか、といった情報も企業が容易に入手できる世の中にしてしまった。すなわち、企業は消費者ニーズに関する情報だけでなく、他社の戦略やオペレーションに関する情報ももとにして、どう自社の差別化を行っていくかについて磨きをかけることも可能な時代になってしまったのである。

しかしながら、同じような戦略を持ち、同じようなオペレーションを行っていても、企業によって生み出されるモノやサービスに歴然とした差が存在し、利益を上げる力の差につながっている場合も多い。そこにはハウ・ツーではない根本的な差異が存在するはずである。この差をもたらすものが、実は組織そのものに深く根ざした「組織力」なのではないか、とするのが本書のスタンスなのである。

そもそも組織の力とは何か

組織の力にさまざまな要素が絡んでくるのは、「はじめに」のところでも少し述べた通りである。どのような組織構造を持っているか、組織風土がどうか、人事・評価制度、企業理念はどうかといったことが、組織の力に大きな影響を与えてくるのだ。

ただ、企業の存在理由が「社会に対してモノやサービスの付加価値をもたらし、しっかりと利益を上げ、存続していくこと」であるならば、組織の力を構成する要素も、この企業の存在理由を直接支えるものであるはずだ。

すなわち、組織はまず、変化する消費者ニーズを見極め、自社が他社に対して優位性をもって何を提供できるのかを常に理解し、それに合わせて自らを変化させていかなければならない。次に、それにもとづき迅速にモノやサービスを世の中に送り出し、適切な利益を上げなければならない。これら二つのポイントこそが、組織の力を定義する際に重要な要素となるのである。

よって、組織の力とは「組織が自らを変革し結果を出していく力」に他ならないと言える。それを筆者は「組織力」と呼んでいる。

遂行能力と戦略能力

いま述べたように、本書では「自らを変革し結果を出していく力」を「組織力」と呼んでいる。そしてその「組織力」を「遂行能力」と「戦略能力」の二つに分けて考え、その掛け算が「組織力」であると本書では定義している。なぜなら、結果を着実に出していく能力と、自らを変革する能力は異質なものであると同時に、そのどちらかが欠けても強い「組織力」を発揮するには至らないからだ。

そこでまず、「組織力」の話に入る前に、その構成要素である「遂行能力」と「戦略能力」について説明してみたい。「遂行能力」「戦略能力」という、よく耳にするが実はあいまいさの残る概念を「組織力」という側面から捉えなおし、ここであらためて、この二つを定義することで、「組織力」の話につなげていきたい。

❶ アウトソーシングできない「遂行能力」

「遂行能力」とは、ひとことで言ってしまえば「物事を着実に実行していく力」である。それでもまだあいまいさが残るので、より「組織力」に即した言葉で「遂行能力」を表現すると「結果を出すうえで必ず必要となるオペレーショナル・エクセレンス（卓越した現場の実践力）」と定義できる。

オペレーション（業務）の基本は、ある業務を反復していくことだ。たとえば、工場のラインで製品をつくり上げていくことも、生産という「業務」を毎日反復しているということに他ならない。

また、忘れられがちではあるが、日々の意思決定も実はオペレーションだ。毎年、予算を作成する。四半期ごとにマーケティングプランを決定する。毎週、生産調整の意思決定を行う。毎日、お客様に出す見積もりの値引きを決定する――どれくらいの時間間隔で反復するかの違いはあるものの、いま挙げた例のどれもが意思決定というオペレーション（業務）なのである。

オペレーションとは企業活動の本質であり、かつ、実践的職人芸の上に成り立っているものである。それ故、それぞれの組織によってやり方も文化も異なっており、その差が企業の優劣となって大きな差をもたらすことになるのだ。

最近、総務やＩＴなどの間接業務を中心に、企業の外に業務を出してしまう「アウトソーシング」が流行っている。最近ではＥＭＳと呼ばれる企業も台頭し、生産の外注も行われるようになっている。

たとえば、著者の一人は現在経営コンサルティングファームに所属しながら、日々企業の戦略策定から実施支援までを幅広く行っている。もちろんクライアント企業と共同で物事を進めるが、これも、広い意味で、アウトソーシングと言えるだろう。

ただし、最後までアウトソースできないものがある。それは、意思決定を含むリーダーの役割と、結果を出すためのオペレーショナル・エクセレンスの二つである。チームを率いて企業のビジョンや戦略を個々の具体的な戦術に落とし込み、早く遂行して結果を出す、また、日々の業務の反復の中から、発見される問題点や改善のアイデアを、素早く戦略や戦術へと反映していく——そういったことは、その組織、あるいは現場に染みついたDNAそのものであり、どうしてもアウトソーシングすることはできないものだ。

すなわち、組織の「遂行能力」とは、アウトソーシングできないものであり、卓越した現場の実践力のことなのである。

ただ、この「遂行能力」にも、二つの段階があることを見逃してはならない。第一段階は文字どおり着実に業務をやり遂げ改善していく「完遂する」段階。第二段階は、それに止まらず、継続的に結果を出しつづけていくために人が育ち、組織の至るところで「期待を超える」動きが沸き起こってくる段階である（これについての詳細は第3章に譲る（図1−1））。

❷「戦略能力」は組織の適応力

次に「戦略能力」について簡単に説明する。

いま述べたように、「遂行能力」とは「企業が最後までアウトソーシングできない力」であり、それは企業にとって要となるものだが、その反面、「遂行能力」に秀でているだけでは、大きな環境変化があった場合に、組織が軌道修正できないこともまた事実である。

組織には当然、外部環境の変化に適応していく力が求められる。結論から言ってしまえば、その「外部環境の変化に適応していく力」こそが、まさしく組織の「戦略能力」なのである。

図1-1　横軸:「遂行能力」の段階

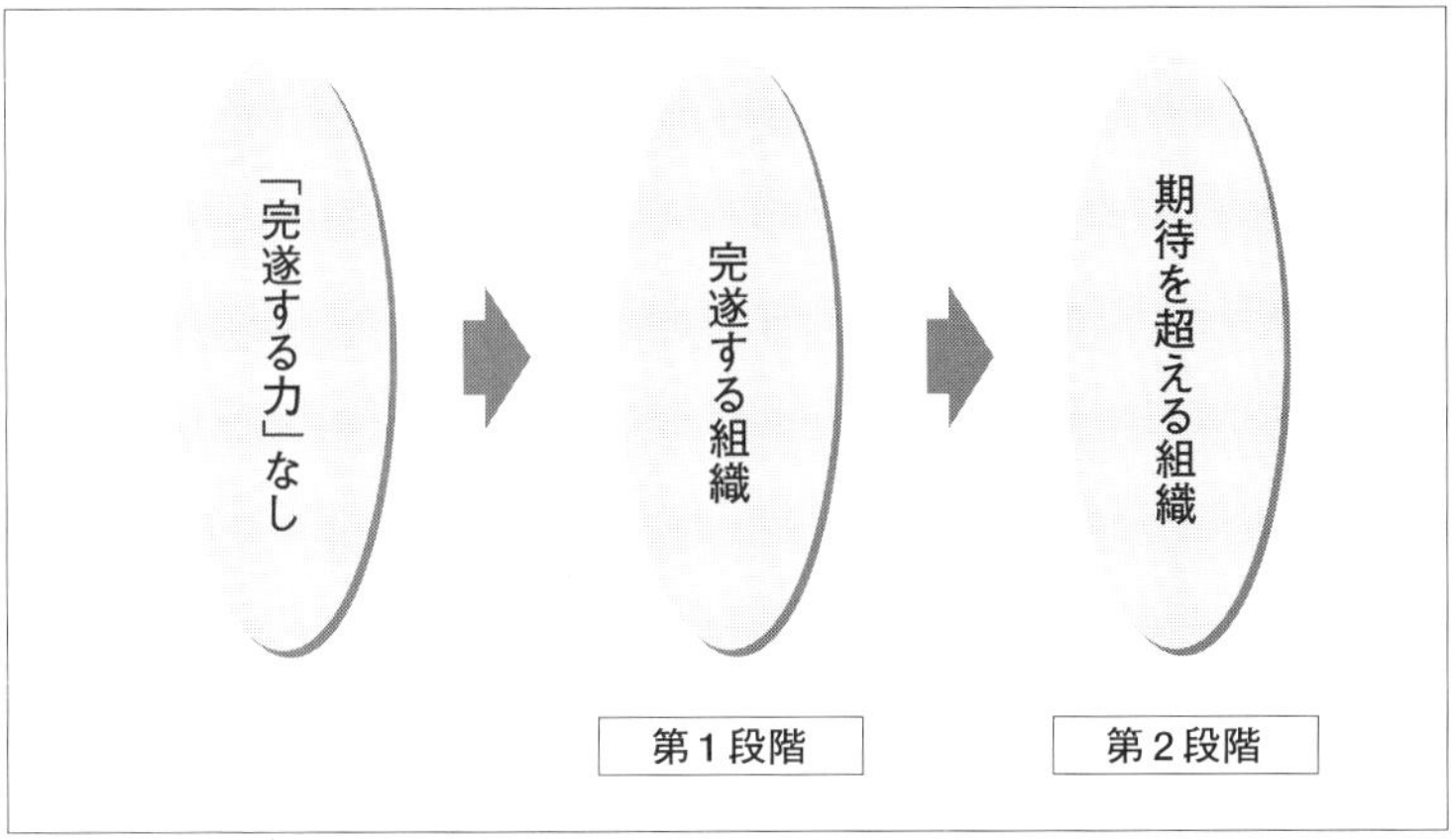

そもそも「戦略」とは何だろうか。さまざまな定義があるだろうが、筆者は「戦略」を「資源配分とその運用の方針」と定義している。そもそも、資源（ヒト、モノ、カネ）が無限にあれば、その配分や運用について頭を悩ます必要はない。資源が限られているから、その配分と運用の方針（すなわち「戦略」）が必要になってくるのである。

限られた資源を有効活用するためには、その配分の仕方と使い方が、外部環境、とくに顧客の目から見て理にかなったものでなくてはならない。それ故、策定された戦略は顧客の視点で再度評価されるべきものだ。顧客の目で眺めた際に、一箇所でも不整合があったり、顧客にとって複雑でわかりにくい部分があると、通常、その戦略はうまくいかない。それでもうまくいくはずだという考えは、つくり手側の自己欺瞞

図1-2　縦軸:「戦略能力」の段階

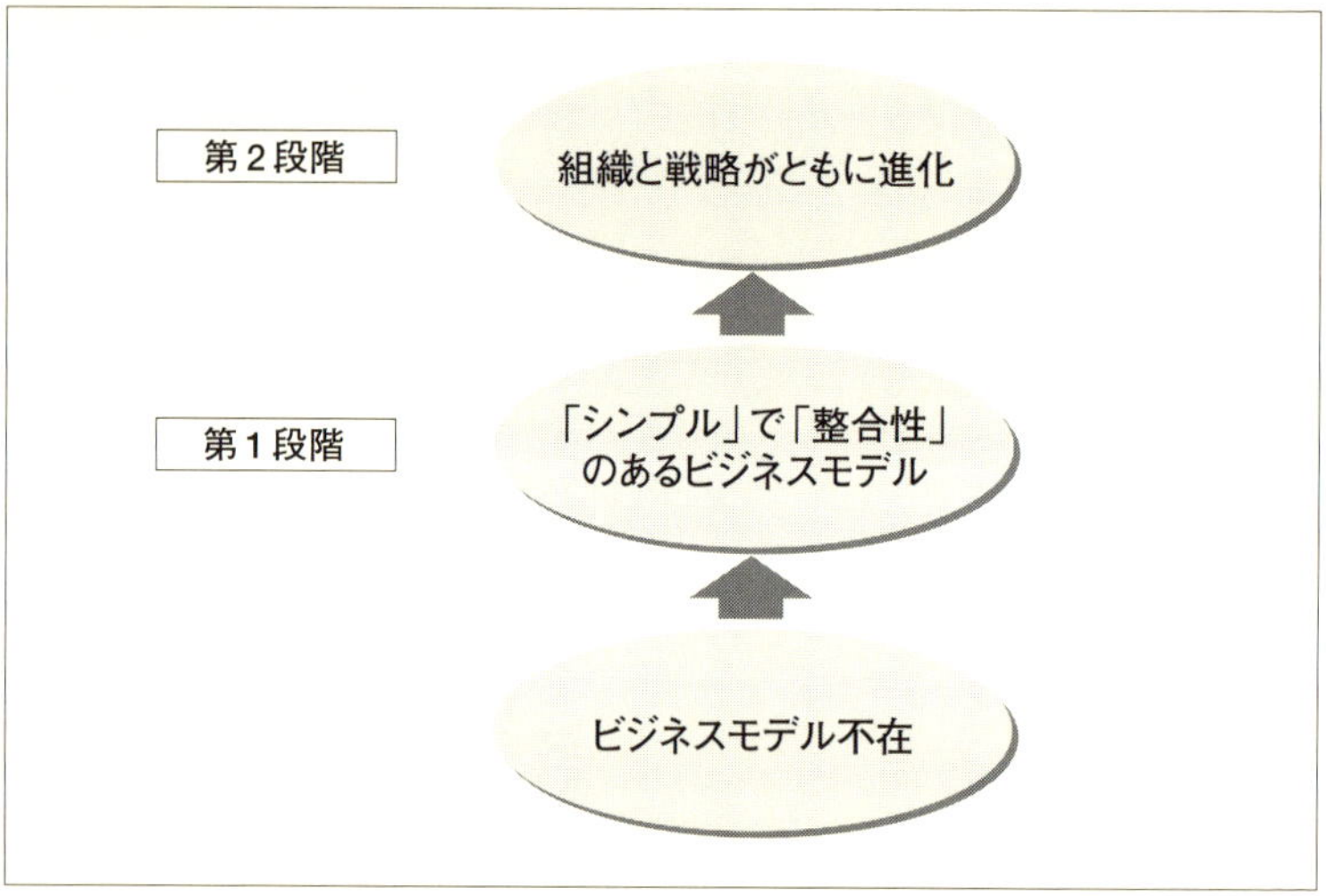

以外の何物でもない。

そんな自己欺瞞を防ぐためにも、筆者は戦略をビジネスモデルとして理解すべきだと考えている。ITバブルの頃には、インターネット上の真新しいビジネスの仕組みとしてビジネスモデルという言葉が流行したが、本来、ビジネスモデルとは、顧客ニーズや戦略（資源配分とその運用の方針）、事業推進のためのルールなども含んだ「一連のロジックの連鎖」のことを指すべき言葉だ。実は優れたビジネスモデルは、非常にシンプルであり整合性がとれたものなのである。

市場や顧客、競合他社やさらには従業員までもが、たえず変化している。いくら時間をかけて、念入りに精緻な戦略をつくっても、完璧を期すことはできない。むしろ戦略は「シンプル」で「整合性」のあるほうが、環境の変化に柔軟に対応できる力を企業にもたらすものである。

「遂行能力」と同じように、この「戦略能力」も二つの段階に分けられる。まずは「シンプル」で「整合性」のあるビジネスモデルが構築できる段階。そして第二段階は、そのビジネスモデルが組織と顧客の共有する「場」を通じて能動的に進化していくことができる段階である（図1-2）。

組織の「戦略能力」とは、まさに「シンプル」で「整合性」のとれたビジネスモデルを構築し、顧客と共有する「場」を通じて組織と戦略が継続的に進化していける力に他ならない。

「組織力」＝「遂行能力」×「戦略能力」

いま見てきたように、「遂行能力」は「最後までアウトソーシングできない卓越した現場の実践力」だと言うことができる。また、「戦略能力」は「『シンプル』で『整合性』のとれたビジネスモデルを構築し、組織と戦略がともに進化していく適応力」だと定義することができた。この二つが揃ってはじめて組織が「自らを変革し結果を出していく力」である「組織力」を手に入れることができるのだ。

- 遂行能力＝最後までアウトソーシングできない卓越した現場の実践力
- 戦略能力＝「シンプル」で「整合性」のとれたビジネスモデルを構築し、顧客と共有する「場」を通じて組織と戦略がともに進化していく適応力
- 組織力　＝組織が自らを変革し結果を出していく力

そして、ここで注意しなければならないのは、そのような「遂行能力」と「戦略能力」があわさって「組織力」が生まれるのだが、それが掛け算であって、足し算ではないということだ。すなわち、この二つの要素のどちらか一方でも欠ければ、強い「組織力」を望めないということになる。

「強い組織」と「弱い組織」の違い

「遂行能力」と「戦略能力」にはそれぞれ二つの段階があることはすでに述べた。少なくとも「遂行能力」と「戦略能力」の双方がそれぞれ第一段階をクリアできていれば、そのような組織は「強い組織」と呼ぶことはできる。しかし、それはあくまで「強い組織」であって「最強の組織」ではない。「遂行能力」と「戦略能力」の両方が第二段階にまで到達できなければ、最強の「組織力」を有する企業とは言えないのである。

図1-3　「組織力」=「遂行能力」×「戦略能力」

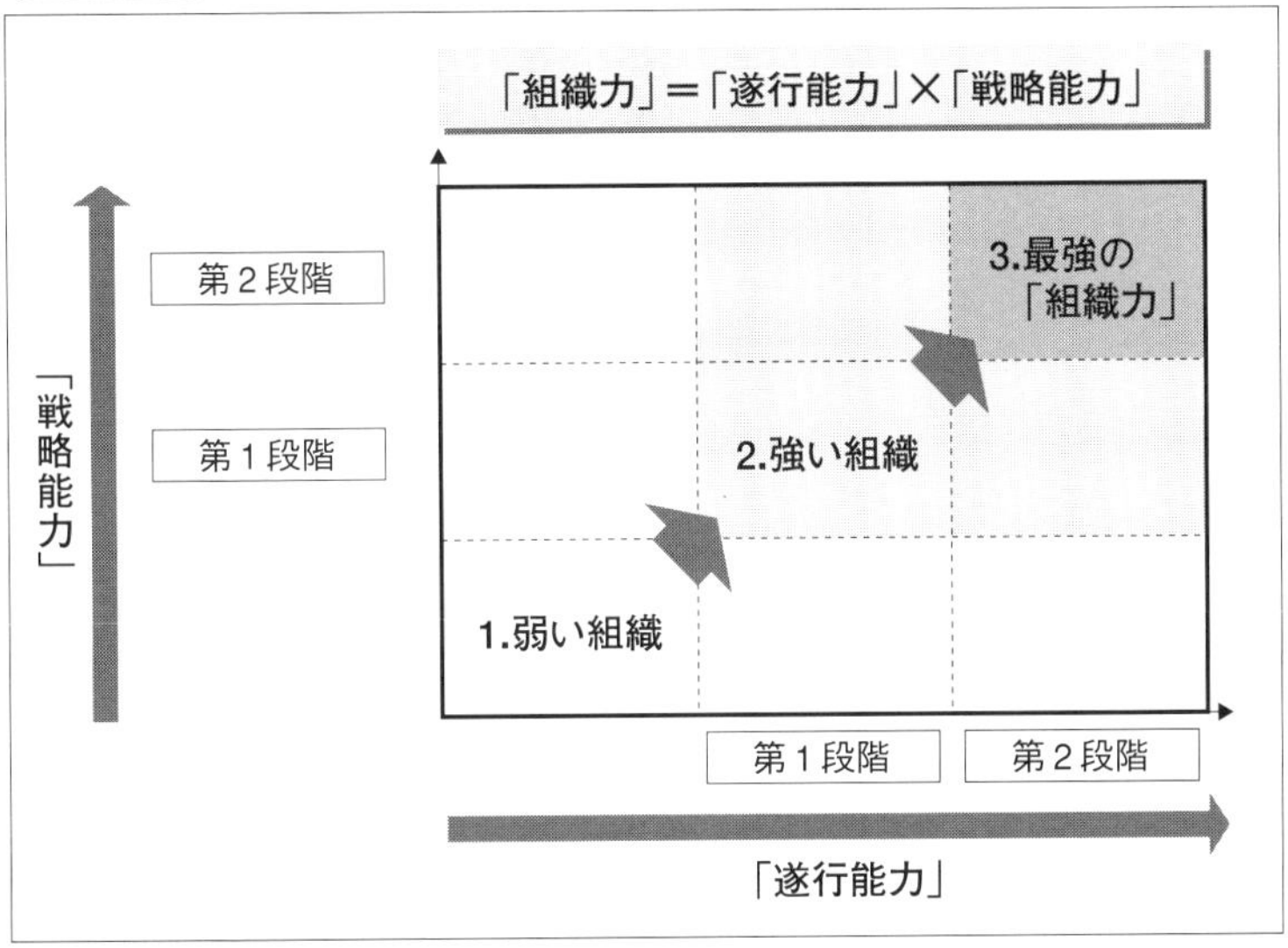

すなわち、企業は「遂行能力」と「戦略能力」のそれぞれの段階に応じて、異なる「組織力」を有する三つの領域に分類されることになる（図1－3）。

1. 望ましい業績や結果を出せない領域 → 弱い組織
2. 外部環境に適応し結果を出せる領域 → 強い組織
3. 長期的に継続してよい結果を出せる領域 → 最強の「組織力」を持った組織

2 強い組織・弱い組織を「遂行能力」と「戦略能力」から考える

強い組織と弱い組織の分かれ目

強い組織あるいは最強の「組織力」を有する組織と、弱い組織の違いはどこから生まれてくるのだろうか。

組織は人の集まりだ。よって、「遂行能力」も「戦略能力」も結局のところその担い手はその組織に属する人に他ならない。「遂行能力」と「戦略能力」、その掛け算である「組織力」を左右するのも、やはり人なのである。

「組織力」の差は、その組織に属する一人ひとりの小さな行動様式の違いから生まれる。全体にとっては小さく見える個々人のレベルでの差異が組織全体で積み上がっていくことにより、根本的な「組織力」の差となって現れてくるのだ。優れた人が組織内にある程度以上存在し、彼らがお互いに連携をとりながら組織をリードしていけるかどうかが「組織力」の分かれ目となってしまう。

その「優れた」人たちは物事をやり遂げ、期待を超える働きをし、そしてまわりの人を育て巻き込んでいくことによって、組織の「遂行能力」を支えていく。そして、常に理屈（ロジック）のレンズを通して物事を理解し、顧客の声に耳を傾けることにより、組織の「戦略能力」を支えているのである。

どのようにすればそのような「優れた」人になれるのか。また、そのような「優れた」人を組織内に増やすにはどうすればいいのか――それについては、第3章以降で詳しく見ていくことにして、ここではいくつかの企業の事例にもとづき、強い組織・弱い組織を「遂行能力」と「戦略能力」の視点から考えてみたい。

弱い組織1（〇遂行能力×戦略能力）

では、まず弱い組織を「遂行能力」「戦略能力」という側面から考えてみよう。

弱い組織の中で、「遂行能力」は高かったが「戦略能力」に欠けていた例にはどのようなものがあるだろうか。ここでは、かつての光通信や日本軍を例に挙げて、少し見てみたい。

▼光通信（ネットバブル期）

時代背景の影響も大きいと思うが、かつての光通信などはそれに当たるだろう。光通信は非常に高い営業力を持ち、組織の統制力も高く、携帯電話の販売を軸に短期間で事業を急拡大した。しかし、二〇〇〇年以降の携帯電話やインターネット市場の激しい変化を捉えきれず、大きな後退を余儀なくされてしまった。一時期は二〇万円を超えていた株価も、いまは一万円以下の水準となってしまっている。

ネットバブルがはじける以前、光通信はさまざまなインターネットビジネスに着手していた。手掛けた事業領域自体は有望だったものも多く、実際、競合他社がその後大きく成長し生き残っている分野がいくつも含まれていた。ただ、光通信は自分たちのビジネスのやり方をその新しい世界に適応させることができなかった。それまでの成功要因である強力な営業力、すなわち光通信の強い「遂行能力」を持つ組織を「外部環境の変化に適応する」という「戦略能力」によってインターネットビジネスに適した形に変革できなかったのである。

▼日本軍

また、企業ではないが、かつての日本軍もそのような「弱い組織」に入るのではないだろうか。日本軍は非常に高い「遂行能力」を持っていた。当時の日本軍ほど統率のとれた組織は過去においてもなかったと言われている。たとえば、開戦時の真珠湾攻撃を見ても（是非の議論は別として）、高い指揮・統率力、兵士の技術・練度がなければ、あのような戦果は望めなかったはずである。ハワイまでの遠い道のりを踏破し、水深の浅い真珠湾で敵艦に魚雷を命中させることは、実は非常に難しいことだった。

そのような高い「遂行能力」を持ちながらも、戦うべきか否かも含めた「勝つ」ための戦略は不在であった。参謀本部内の研究チームでは、開戦から敗戦に至るまでの戦局をほぼ正確にシミュレーションしていたと言われている。にもかかわらず、それを戦略に反映させ、組織（すなわち軍隊や国）の進むべき方向性を軌道修正することはできなかった。組織（国）の「惰性」に抗えるだけの力を、誰もつくり出すことができなかったのである。

その結果、組織全体（国）として正しい方向に向かっていくことができなかったのだ。

弱い組織２（×遂行能力○戦略能力）

その逆のケース、すなわち「戦略能力」はあったが「遂行能力」がなかったために失敗した「弱い組織」の例にはどのようなものがあるだろうか。

▼動燃（一九九五〜九七年）

たとえば、かつての動燃（動力炉・核燃料開発事業団）などはそうであろう。動燃は九五年に高速増殖炉「もんじゅ」でのナトリウム漏れ事故を起こし世間を騒がせたが、その後も組織の閉鎖性とそれまでの惰性から抜け出せず、九七年にはふたたび東海事業所で火災・爆発事故を起こしてしまった。

化石燃料から原子力への転換政策は、将来的にクリーンなエネルギー源へと移行するまではどうしても必要なエネルギー政策であり、この戦略自体はおそらく必要不可欠であったに違いない。

しかし、現場での「遂行能力」を高めることはできなかった。すなわち、もんじゅの事故後、安全対策、虚偽報告の防止、事故時の対応体制などの危機管理が真剣に議論され、動燃に根付くことが期待されていたにもかかわらず、行動様式は変わらず、また同じような事故を起こしてしまったのである。

動燃が核燃料サイクル開発機構として再出発した後、直接的に責任を追及されることはなかったものの、九九年に茨城県東海村ＪＣＯで死者二名を出す最悪の臨界事故が発生している。きわめて真っ当なことを真っ当に行うということが組織に根付いていなかったようだ。

▼雪印（二〇〇〇～〇二年）

また、雪印も、偽装牛肉事件や集団食中毒事件などの問題を継続的に引き起こし、売り上げが四割以上も下落、ブランド失墜と企業存続の危機に見舞われてしまった。これも組織としてのあるべき「遂行能力」を失っていった例と呼べる。

たとえば、食中毒事件が起こり、まず現場の営業に被害者から第一報が入った際にも、その情報は組織内でまともに取り扱われていなかった。また、記者会見において社長（当時）が「設備の汚れはしっかりチェックしている」と言った直後に、工場長（当時）が「汚れがあった」と発言するなど、組織として正しく業務を遂行していくということが機能していなかった。現在、雪印の牛乳等の製造販売に関するビジネスは全農などと一緒になり、メグミルクという新しいブランドのもと信頼回復を図っているところだ。

▼一部のネットベンチャー

これら以外にも、インターネットの普及とともに生まれ、ＩＴバブルの崩壊とともに消滅していった一部のネットベンチャーなどは「戦略能力」はあったが「遂行能力」を持てずに失敗していった好例であろう。

消えていったネットベンチャーの中には、事業の視点が非常に優れ、競争優位を築き得る優れた戦略を持っていた企業も多い。にもかかわらず、優秀な人材が採用できない、採用できたとしても創業者との相性が合わない、などといった、人と人との関係の課題が大きく立ち塞がっていた。

その結果、ITバブル崩壊という大きな環境変化の波を乗り切るだけの「遂行能力」を迅速に身に付けることができなかった。そして、多くのベンチャーが「弱い組織」に入ることになってしまったのである。

最後に、「遂行能力」の大切さを考えるにあたって、ある大企業のトップが業績悪化で経営者を退くにあたり、次のように述べていたことを記しておきたい。

「弊社はつめの甘い会社なんです。目標が達成されたかどうか、きちんと検証していない。達成できなかった時は、原因を探り、罰すべきは罰して、次の仕事に活かしていかなければいけないのに、そうなっていなかった。基本的な『しつけ』ができていないんです。これは経営者の責任でもある。甘やかしすぎたんです。これまで、弊社の経営者はあまりうるさく言わない人が多かった。私も社長として、方針だけ決めて、後は任せるタイプです。これではいけないのかもしれませんね……」

この企業トップの言葉には、「遂行能力」をないがしろにしたことへの大きな反省がこめられている。

強い組織・最強の「組織力」を持つ組織（○遂行能力 ○戦略能力）

今度は「強い組織」、その中でもとくに最強の「組織力」を持つ組織を同じように分析してみたい。

まず最初に言えるのは、「強い組織」は、当然の結果かもしれないが、概ね好業績を継続的に達成している企業である。「組織力」のない企業からは、やはりよい結果・業績は生まれない。もちろん短期的な業績の上下はあるだろうが、多くの名だたる企業はおそらく「強い組織」に分類される。ただし、油断は大敵だ。組織も放っておくとすぐに老化し、気がつくと「弱い組織」になっているということがよくあるからだ。

では、最強の「組織力」を持つ企業にはどのような企業があるだろうか。

最強の「組織力」を持つ企業は、多くの場合、非常にユニークな個性とも呼べるようなものを持っている。もちろん、結果としての業績も長期にわたって卓越している。その誰もが知っている例では、トヨタ、ジョンソン・アンド・ジョンソン、デルなどがそれに当たるだろう。

そこで、ここではそれらの企業を「戦略能力」と「遂行能力」といった側面から、その強さの秘訣を考えてみたい。

▼トヨタ

トヨタは言うまでもなく、織機のメーカーとして出発し、いまや世界第二位の自動車メーカーにまで登りつめた日本を代表する企業である。ジャスト・イン・タイム生産方式に象徴される現場重視のオペレーショナル・エクセレンスを持ち、いまでも成長を続けている類まれなる企業だ。

トヨタの場合は、ほとんどの社員が常にＰＤＣＡ（Plan-Do-Check-Action）のサイクルをまわし、ムリ・ムラ・ムダを取り除き、常に業務の改善を目指している。トヨタの人と話をすると「トヨタ内ではＰＤＣＡをまわすことがあまりに当たり前なので、どこまでがトヨタ流でどこまでが他社で行われていることなのかが自分たちではよくわからない」といった話を聞くこともある。すなわち、高い「遂行能力」がまさに組織のＤＮＡにまで高められているのである。

また「戦略能力」に関しては、社員一人ひとりがカスタマーファーストの立場にたって自分の頭で考え、自分が正しいと思うことを、信念を持って実施していく姿勢が強い。上司の命令を聞くだけでなく、逆に上司を巻き込みつつ自分のやるべきことを、各自が実現しようと努力している。

トヨタでは、多くの社員一人ひとりの中に、組織の「遂行能力」と「戦略能力」を支える大きな力が存在し、その二つを分けて議論することが難しい領域にまで到達していると言えるのかもしれない。

▼ジョンソン・アンド・ジョンソン（J&J）

ジョンソン・アンド・ジョンソン（Ｊ＆Ｊ）も長い歴史を有し、世界恐慌などの二回を除き、平均して年率一一％の売上高成長を一一〇年以上にわたって続けてきたすさまじい企業である。しかし、ＧＥのジャック・ウェルチやＩＢＭのルイス・ガースナーのような著名な経営者をＪ＆Ｊに探すことは難しい。Ｊ＆Ｊの経営者はほとんどすべてが内部からの登用だ。それだけ社内でしっかりと人が育ち、一〇〇年以上も優れた業績を維持してきたのである。

Ｊ＆Ｊの「我が信条」の存在はよく知られており、第一に消費者に対する責任と第二に全社員に対する責任が明確に謳われ、組織への浸透が徹底的に図られている。この「我が信条」がベースとなり、Ｊ＆Ｊの業務遂行上の安全性確保や業務改善の提案、そしてその実施・評価活動などが脈々と行われ、人が育ち、Ｊ＆Ｊの「遂行能力」を支えてきたのだ。

また、「戦略能力」に関しては、常に技術革新などの環境変化に合わせ、新規事業の芽を探し、立ち上げを行っている。しかしＪ＆Ｊは、医薬品に比較的近く巨大なマーケットである化粧品分野には参入を行っていない。自社の強みが活かしにくく、似て非なる市場であることを、高い「戦略能力」を持ってしっかりと嗅ぎ分けているからであろう。

▼デル

デルはご存知のように、米国テキサス州に本社を置くコンピュータの直販メーカーである。「デル・ダイレクト・モデル」と呼ばれるビジネスモデルを武器に、創業二〇年で売上高四兆五〇〇〇億円を超える規模まで成長を遂げ、現在「フォーチュン五〇〇」の第三一位に位置する企業にまでなっている。

デルの「遂行能力」の高さは、まさにそのすさまじいスピードにある。普通の企業が一年で行うことを三カ月でやり遂げてしまう。当然そこには歴然とした業績の格差が生じることになる。Dellocityという言葉が時々使われるが、DellocityとはDellとvelocity（速度）を合成した言葉であり、デルの業務遂行のスピード感を表している。社員もベンダー（部品納入企業）もビジネスパートナーも、このスピードで動くことが要求され、それが当たり前となっているところにこそ、デルの「遂行能力」の強みが存在するのである。

そして「デル・ダイレクト・モデル」と呼ばれるビジネスモデルが、デルの「戦略能力」を支えている。詳しくは第4章で述べるが、デルは、お客様に直接製品やサービスを届けることにより、お客様もデル自身もメリットを享受し、そのメリットが増大する分野を見つけながら業容を拡大してきた。現在では、プリンターなどのPC周辺機器や携帯端末などにまで領域を拡大し、成功を収めている。

これらの有名な企業以外にも、あまり知られていない企業だが、最強の「組織力」を持つ企業は数多く存在する。

たとえば、高山という菓子問屋は、非常に厳しい業界として知られる卸売業において、自らの事業領域を変えながら、たくましく生き延び、業界平均を大きく上回る利益率を出している。一九二一年の創業当初は菓子小売店であったが、戦後菓子問屋へ、その後、セブン-イレブンを主要顧客とする菓子専業卸へと、徹底的に環境変化に対応し、事業領域を変化させていくという高い「戦略能力」を発揮し、ビジネスチャンスをものにしてきた。「遂行能力」については、お客であるコンビニエンスストアーやスーパーなどの要望に徹底的に応えることで自らを律している。顧客の要望であるが故に妥協は許されない、やり遂げるしかない——そのような緊張感が組織の中に強く根付いているのである。

これら最強の「組織力」を持つ企業は一朝一夕につくれるものではない。また、一人の人間で「組織力」のすべてを構築できるわけもない。逆に言えば、先ほどの「弱い組織」の例についてもそれは同じで、その原因を誰か一人のせいにすることはできない。多くの場合、成功や失敗の原因と結果は組織を構成する多くの人々と密接に関連しており、それらを切り離して議論することはできないものだ。

多くの人々に関わりのある「組織力」ではあるが、とくにマネジャーは組織の要に位置し

図1-4　マネジャーは組織の要

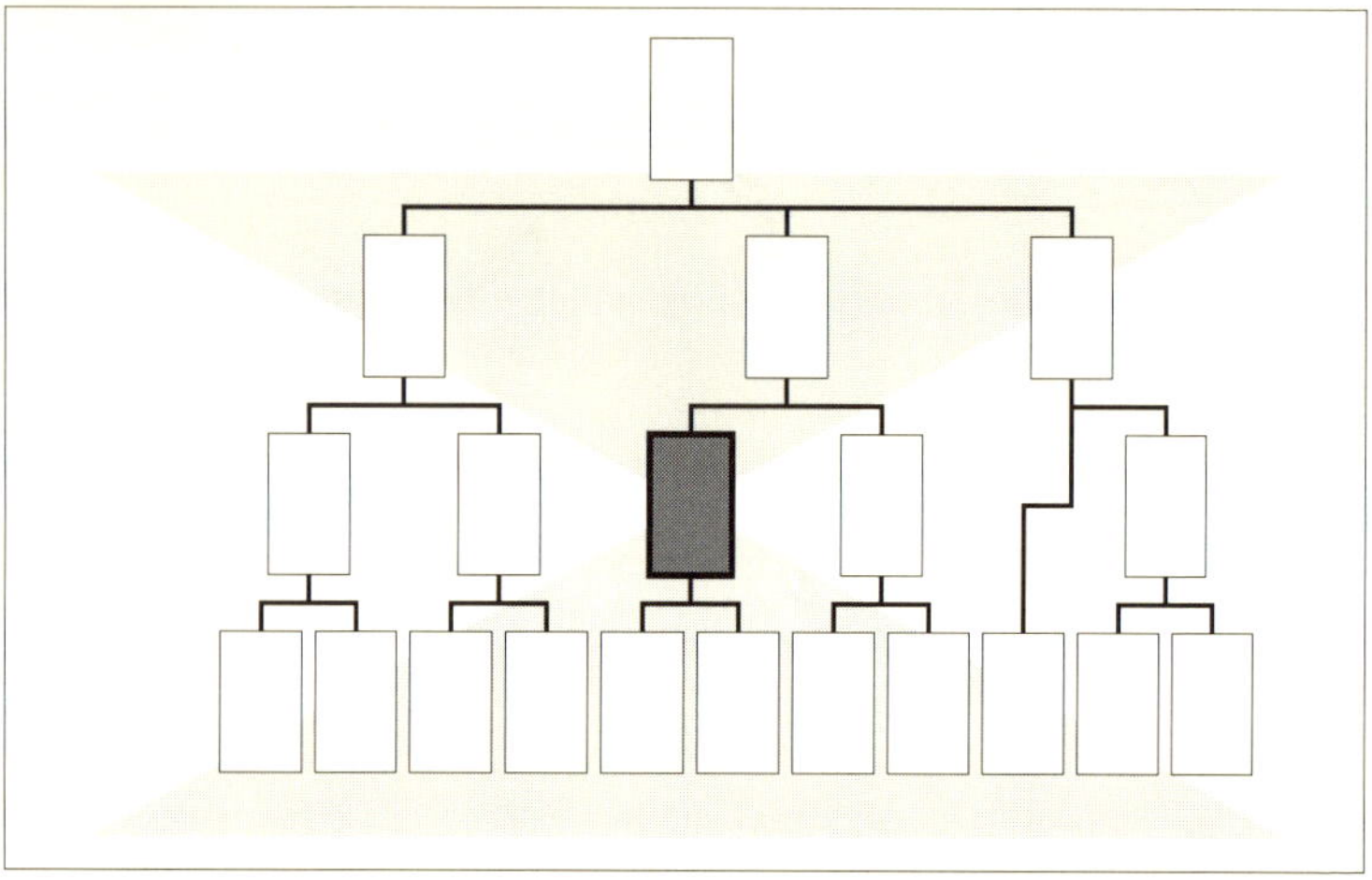

ており、その重要性も高い。なぜなら、同僚のマネジャーに影響を与えられることは言うまでもなく、上司にも、メンバーにも影響力を及ぼせる立場にいるからだ（図1-4）。

マネジャーは入社したての新入社員が正論を言っても、それを握りつぶそうと思えば握りつぶせるくらいの立場にいる。また、経営者や上司が、これをやろうという号令を出しても、マネジャーがそれを正しく理解し、実施に移していく力がなければ物事は前に進まない。

繰り返し述べているように、最強の「組織力」をつくり、支えていく原動力はマネジャーにこそあり、強い組織と弱い組織を分ける分岐点は、組織に属するマネジャー諸氏の能力に大きく依存しているのだ。

ただ、こう言うと「自分のところはトップの方向性が見えないから仕方がない」「社長がダメだからダメだ」といった声がかえってきそうである。たしかにそういった側面を完全に否定することは難しいが、それでもあえてマネジャーの重要性を主張するのは、実際、マネジャーが組織を大きく動かしてきた事実が数多く存在するからだ。

たとえば、トヨタの大野耐一氏を思い出してほしい。大野氏はジャスト・イン・タイム生産方式を生み出し、自分の責任範囲が広がるにつれ、多くの人を巻き込み、その活動を広げていった。そして、それがいまやトヨタの競争力の源泉になっている。

また、日本でセブン-イレブンを立ち上げ、現在ＩＹグループのＣＥＯである鈴木敏文氏も、周囲から反対されながらもセブン-イレブンを立ち上げたのは四一歳の時で、販売の経験もない広報人事担当の頃であった。

誰もが大野耐一氏や鈴木敏文氏のようになれるとは言わない。また、そこまで大きな変革をもたらすことは稀であろう。ただ、同じマネジャーであるならば、程度の差はあれ少なくとも彼らと同じような気概を持ちたいものである。

3 高まるマネジャーの役割

すべては結果を出してこそ

企業、経営戦略、経営者の良し悪しは、表に出た結果でしか評価されない。いかにすばらしい戦略があっても、いかに優れたリーダーがいたとしても、それが実社会において現実のものにならなければ、評価されることはない。これまで議論してきた「遂行能力」も「戦略能力」も、その掛け算である「組織力」も、すべては結果を出すために必要なものとして捉えてきたのは、まさにそこに理由がある。

実際、経営戦略の成功事例や優れた経営者として取り上げられるのは、優れた業績を出している企業の中からである。経営手法の流行も、そういった企業の行ってきたやり方を知識の体系として整理し、エッセンスを抽出することから始まる場合が多い。経営学は、現場に埋もれた「知」を発掘・拡大再生産することで、その本領を発揮している。

図1-5 リーダー像の参考となる経営者

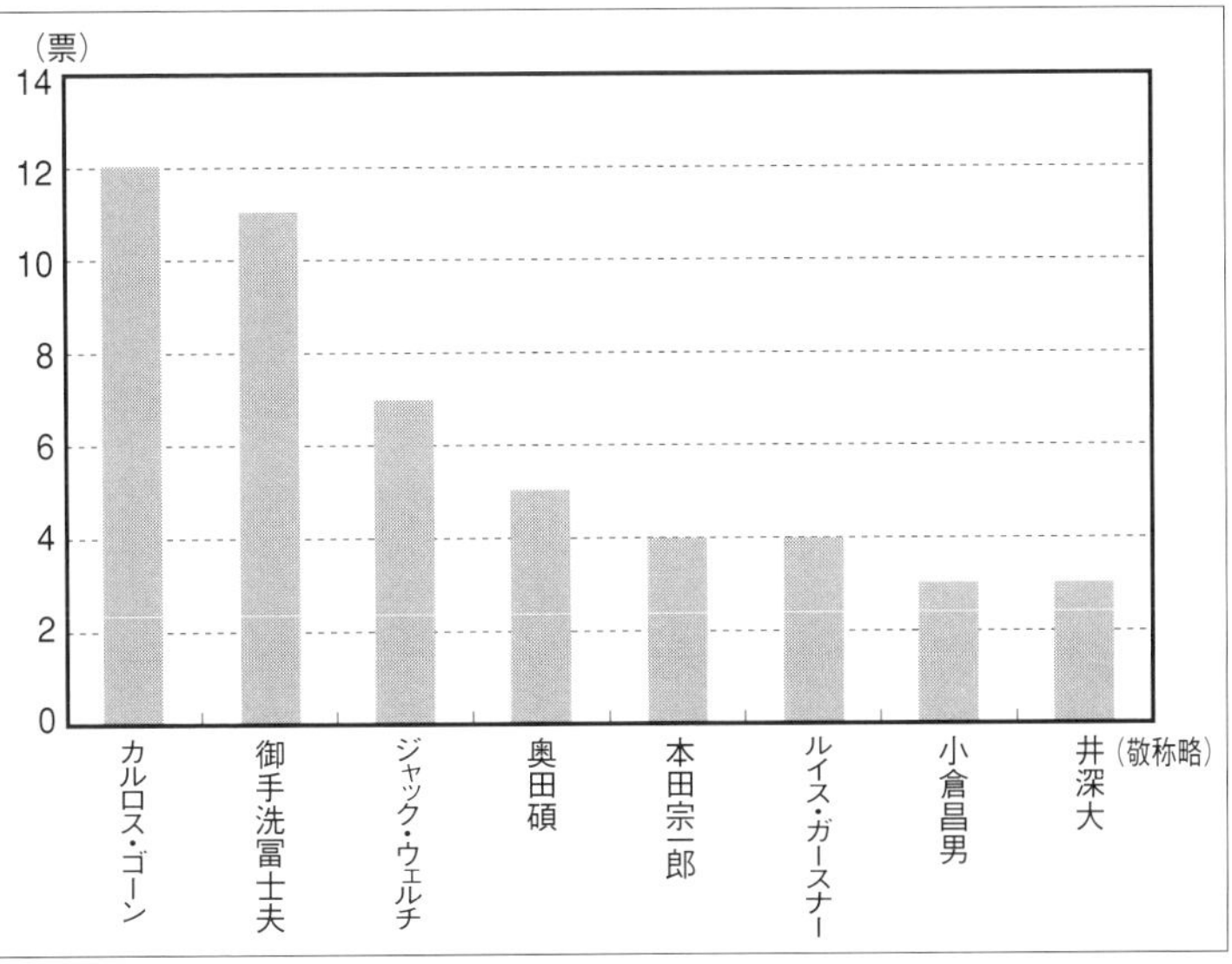

「すべては結果を出してこそ」という切り口を考えるにあたって、面白い調査結果がある。それは早稲田大学ビジネススクールと株式会社ローランド・ベルガーが二〇〇三年に共同で次世代リーダーシップに関して行った研究だ。その研究では、現在、第一線で経営者として活躍している方々にアンケート調査を行った。

そのアンケートの中に「リーダー像の参考となる経営者は」という質問項目があり、その回答は実に興味深かった。挙げられた方々は、カルロス・ゴーン氏、御手洗冨士夫氏、ジャック・ウェルチ氏、奥田碩氏、本田宗一郎氏、ルイス・ガースナー氏、小倉昌男氏、井深大氏といった顔ぶれであった。いずれも優れた業績を過去において出しキャリアを終えた経営者か、現在よい結果を出している著名な経営者である（図1-5）。

今回挙げられた名前の中にはソニー会長の出井伸之氏の名前はなかった。もし、この共同研究が一九九八年に行われていれば、九七年度「フォーチュン」誌の第一回「アジアのビジネスマン・オブ・ザ・イヤー」に選ばれた出井伸之氏の名前が上位にあったのは間違いないだろう。

正しいか間違っているかは別として、やはりビジネスの世界では、目に見える結果しか評価されないということの一つの好例ではないだろうか。マネジャーにも、それと同様、自ら結果を出し、組織としての結果を出させていくことが強く求められるのである。

「中間管理職」という「恵まれた立場」

しかしながら、「結果を出せ」と言われても、これまで日本ではマネジャーが「中間管理職」と呼ばれ、権力を持たない会社の歯車の一つというイメージで語られることが多かった。そのため、結果を出していくことは難しいと考えがちである。しかし、いまは状況が違う。まずその誤った認識から脱却する必要がある。

中間管理職としてのマネジャーは、自分自身の悲哀や自虐に浸る必要がないどころか、組織人として動くうえで非常に恵まれたポジションにいるということをまず自覚しなければならない。

「組織力を高める」という視点でのマネジャーの強みは、次の五つのポイントとして整理される。以下、それをまとめて説明しよう。

❶ 戦略と現場の両方に関われる

まずマネジャーの強みは、戦略と現場（オペレーション）の両方に大きく関わることができるということだ。

マネジャーは会社全体の戦略策定にも参加できる。少なくとも、それを十分知って理解できる立場にいる。とくにマネジャーという定義に「部門や事業部の長」まで含めると、自部門・自事業部の戦略や戦術を全社戦略に合わせて自ら立案し、意思決定していくことができる立場にいることになる。

また、自分が設定に関わった戦略や戦術を、今度は自分のチームを使って、現場に深く関与しつつオペレーション（業務）をまわしていける立場にもいる。それ以外にも、マネジャーはトップマネジメントに比べ市場や顧客にも近く、直接チームの力を発揮させることができるか否かの鍵もにぎっている。

このように「戦略能力」「遂行能力」の両方に深く関わることができるのが、マネジャー

図1-6　中間管理職という恵まれたポジション

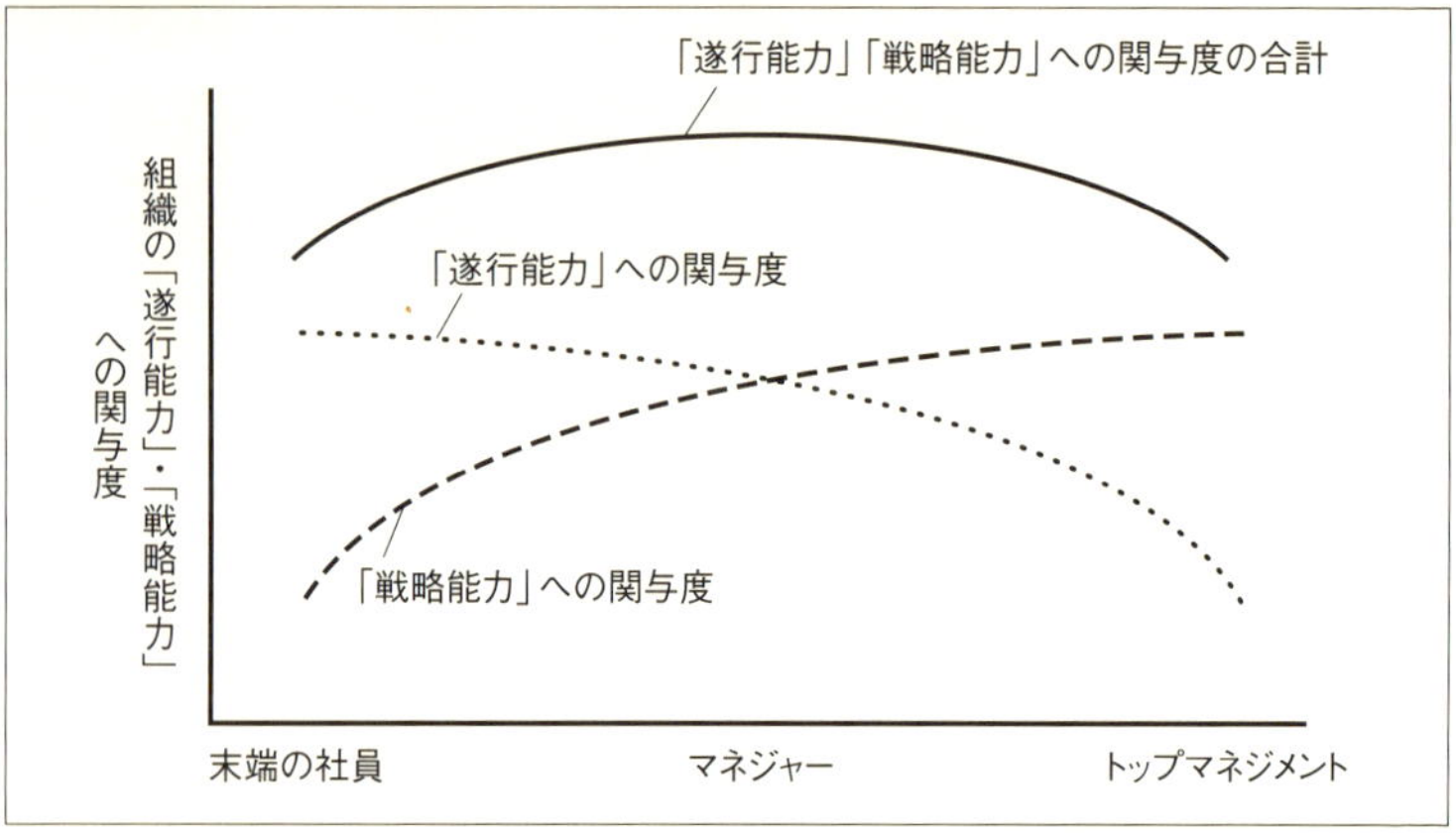

なのである（図1－6）。

❷ 肩書きとパワーを活用できる

次に、組織内である程度の「パワー」を持つことができる、というのがマネジャーの強みとして挙げられる。

まず、マネジャーは自分のチームを持っており、うまくやれば予算も捻出することができる。また、良し悪しは別にして、「肩書き」があることで、社内外に対して「パワー（影響力）」を持てたりもする。場合によっては、トップマネジメントに直接働きかけることも可能だ。

つまり、現場の近くにあって外部環境の変化を掴み、組織をその方向に向かわせていくために「肩書き」と「パワー」を活用し、組織の「戦略能力」を強化することも可能なのだ。

このように、マネジャーは「肩書き」と「パワー」をうまく活用することで、トップマネジメントにも、末端の社員にもできないような、具体的で地に足のついたアクションを、自らの意志で起こすことができる。それはまさに、組織の「遂行能力」の源泉になるものだ。マネジャーは、そのような絶好のポジションにいるのだ、ということを忘れてはならない。

❸ さまざまな経験・ネットワークを活かすことができる

また、さまざまな経験やネットワークを活かすことができるのも、マネジャーの強みだ。マネジャーは、現場での経験、リーダーとしての経験、そして人生経験といった、さまざまな経験を積んでいることで、新しいものを生み出したり、正しい判断を下す力も高くなっているはずだ。ちょうど「脂がのっている」のがマネジャーなのである。

それに加えて、社内外にフォーマル／インフォーマルなネットワークを持ち、それらを通じて、正しい判断や新しいアイデアの実施をより確かなものにしていけるのもマネジャーだ。

このように、経験やネットワークを活かし、新しいアイデアを生み出し、正しい判断を下しながらそれらを実践していけることは、マネジャーの強みに他ならない。

❹ 資源配分の最適化を図れる

マネジャーは通常、自らの管理する範囲が広がるにつれ、業務遂行上の自由度が増していく。たとえば、業務改革を行うような場合、どれくらいのヒト・モノ・カネを通常業務にまわし、どれだけを変革のための活動にまわすか、といったことも自らの判断で行えるようになる。

また、マネジャーは、それを実際の日々の状況に合わせてリアルタイムで変更していくことも可能だ。日々の行動様式、その積み重ねが「組織力」を左右すると前にも述べたが、まさにマネジャーはその中心にいるのである。

このように、ある程度の経営資源を自らの意志に応じて活用することができるのも、マネジャーなのである。

❺ 次世代のマネジャーを育てられる

最後に、次世代のマネジャーを育成する立場にいるのも現在のマネジャーである。マネジャーは現場を預かる身だ。マネジャーはチームのメンバーと接する機会が最も多い。通常、仕事の進め方や考え方の多くはＯＪＴで学ぶものであり、マネジャーは自らのやり方・考え方を次の若い世代に伝承し、「遂行能力」や「戦略能力」を彼らに埋め込んでいける最も重要な立場にいるのである。

以上の五点を見ていただくと、「中間管理職」であるマネジャーは、実は非常に恵まれた立場にあること、また「組織力」を高めるうえで鍵となる人物であることがわかっていただけるであろう。

マネジャーは悲哀にくれている暇はない。自らの立場と力を再確認し、自発的に動き出し、「恵まれた立場」を最大限活用しながら、強い組織づくりに邁進すべきなのである。

2

CHAPTER

第２章

なぜ「組織力」が発揮できないのか

第1章では「組織力」とは何かを考えてきた。そして「組織力」を生み出すものは何か、なぜそれが大切なのかを述べてきた。

そこで第2章では、なぜ「組織力」が発揮できる企業と、思うように発揮できない企業があるのか、「組織力」を削いでしまう要因は何なのかを分析していきたい。

実は「組織力」を削ぐ根源的な要因は人の持つ特質や能力の限界に根ざしている。そして、それらは大きく「情報の減衰」「力の減衰」「フィードバックループの減衰」「顧客の声の減衰」の四つに分類できるということを見ていきたい。

1 現場に「情報」が伝わらない（情報の減衰）

「組織力」は、その衰退要因を知ってこそ高められる

「組織力」を高めるためには、まず「組織力」とは何かを知らなければならない。それが第1章「『組織力』とは何か」の役割であった。第1章を読んでいただければ、「組織力」とは「遂行能力」と「戦略能力」の掛け算であること、「組織力」を高めるためにはマネジャーが大きな役割を果たすことがわかっていただけたであろう。

しかし、自分の所属している企業や組織の「組織力」を高めようと思えば、「組織力」とは何かを知ると同時に、「組織力」を妨げるものは何か、すなわち「組織力」を低下させる要因は何かを見極めなければならない。

そこで、この章では「組織力」を低下させる要因を探っていくことにする。その際、「組織力」を低下させる要因として「減衰」というキーワードを用い、「情報の減衰」「力の減衰」

「フィードバックループの減衰」「顧客の声の減衰」という四つの「減衰」の側面から整理している。

では、早速これら「減衰作用」について順次説明をしていこう。

まずは「情報の減衰」である。

組織にも起こる伝言ゲームの「罠」

「情報は伝言ゲームを繰り返すうちに薄まっていく」というのは、誰もが日常の経験で漠然と感じていることだろう。ある情報を誰かに伝える、そしてその誰かがまた違う誰かにそれを伝える、といったことを繰り返しているうちに、情報はもとの情報から多かれ少なかれ「歪め」られ、本来の情報とは違ったものになってしまう。本書では、このような情報の劣化を「情報の減衰」と呼んでいる。

組織の場合も、これと同じ「情報の減衰」が起こる。組織の中で伝言ゲームが繰り返されると、もとの情報から、本来伝えられるべき内容が抜け落ちたり、歪められたり、行間のニュアンスが消えてしまったりする。

このような「情報の減衰」が起こることによって、組織内で同じ情報が共有されない、「歪め」られた情報しか共有されない、といったことが起こってしまう。その結果、組織がバラバラの方向を向いたり、やるべきことが行われなかったり、部門間の縦割り文化が生まれたり、といったさまざまな問題が発生することになる。

しかしここで注意しなければならないのは、この「情報の減衰」は、私たちの日頃の伝言ゲームでも起きるように、人間にとって不可避的なものだということだ。だいたいにおいて、人は誰かの話を一〇〇％理解することもできなければ、一〇〇％自分の想いを誰かに伝えることもできない。よって「情報の減衰」は、その点で人間にとって宿命的なものだと言えるのである。

そして、それは人の集まりである組織にとっても、当然のごとく宿命的なものとなる。筆者の経験にもとづくと、組織内のコミュニケーション、とくに業務遂行におけるコミュニケーションにおいては、直接話をした場合でも人は聞いたことの八割程度しか理解できておらず、その情報を誰かに伝える段になっても、九割くらいしか伝えられないのが実情である。情報を受け取る段階でも「情報の減衰」は起こるし、その情報を誰かに伝える段階でもまた「情報の減衰」は起こるのだ。

その結果、理論的には一人の人間が介在することによって、その人が聞いた話の内容は、最大でも七二％（＝100×0.8×0.9）しか次の人へ伝えられないことになる。

このような前提にもとづけば、社長から本部長、本部長から職場のマネジャー、マネジャーからメンバーへと、情報が伝達される場合、それは、三七％にまで減衰することになる。

図2-1　情報の減衰

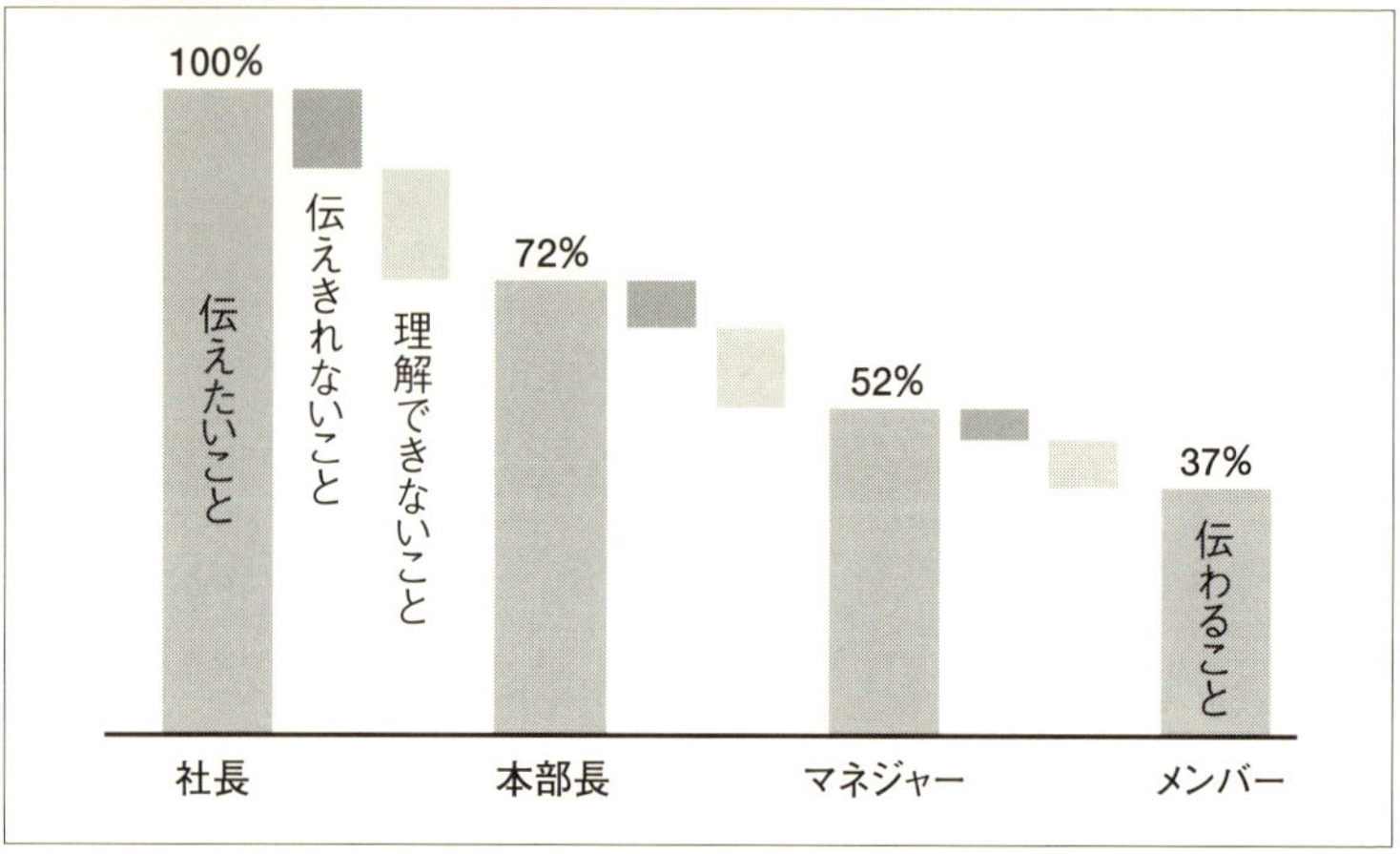

きわめて乱暴に見える算数ではあるが、身近な経験に当てはめてみると、それほど非現実的な数字ではないのではないだろうか（図2−1）。

情報だけでなく、熱意・価値観も減衰する

ただ、「情報の減衰」が指すところの「情報」はたんなる情報だけではない。それには、我々の熱意や価値観、あるいは危機感といった「情報」も含まれる。

たとえば、読者のみなさんの会社では、社長の想いは、一体どの程度、職場に伝わっていると思われるだろうか。筆者がこれまでお付き合いした多くの企業の状況から憶測すると、三分の一から一〇分の一程度のようである。そのような社長の想いも、人という組織

を通してしまうと、大きく減衰してしまうことになる。

情報技術の発展により、イントラネットやEメール、携帯電話など、コミュニケーションの手段は多様化し、かつ安価で手軽になってきた。しかし、昔に比べてトップからのメッセージが伝わりやすくなったかと言えば、必ずしもそうではない。安価で手軽になった分、意味のない情報が氾濫したり、本当に大事なことが埋もれてしまったりする。また、熱意や危機感などは言葉以上に、話し方や表情、その場の雰囲気などで伝わるものだが、それが抜け落ちた形で言葉だけが行き来し、結局、最も大事なものが伝わらない状況を生んでいる。

必要な情報や想いが組織全体に共有されなければ、「遂行能力」や「戦略能力」そして「組織力」の発揮を望むべくもない。マネジャーは、トップと現場をつなぐ要にあり、部門間の連携を行う要でもある。だからこそ、マネジャーが「情報の減衰」を引き起こすのではなく、それを防がなければならないのだ。そういった点でも、マネジャーの役割は大きい。

2 発揮されないチームの力（力の減衰）

半分しか発揮されないメンバーの力

次に「力の減衰」について説明しよう。

どの職場でもほとんどの場合、単独の個人プレーで仕事をすることは少なく、複数の人が集まってなんらかのチームをつくって仕事をしているのではないだろうか。チームの規模はさまざまあるだろうし、その期間も短かったり複数年だったりとさまざまだろうが、ほとんどのビジネスマンはなんらかのチームで仕事をしなければならない。

「組織力」が組織の中で生きなければならないビジネスマンにとって深刻な問題だったのと同じように、組織のより小さい単位である「チーム」で仕事をしなければならないビジネスマンにとって、「チーム力」はそれと同じかそれ以上に深刻な問題であろう。チームを形成する個人の力がどれほど「チーム力」として結実しているか、結果としての「チーム力」

はどうなのか――ビジネスマンであれば、その問題を避けることはできないはずだ。

チームの力はどれくらい発揮されているだろうか、筆者がこれまで直接間接に関わってきた多くの企業での実際の声は、せっかくのチームの力も、実際には半分程度しか成果に結びついていないというのが多かった。個人の力がうまく「チーム力」として結実していない、思うように「チーム力」が発揮できない――そのようなことはチームで仕事をしたことがある人ならば、誰もが一度や二度は感じたことがあるだろう。

チームの力が発揮されない、すなわち「力の減衰」が生じる理由は、大きく次の四つに分けることができる。そして、それはマネジャーの行動の過程で起きていることを認識していただきたい。

❶マネジャーとメンバー間で「情報の減衰」が起こる

まずは先ほどの「情報の減衰」に起因する問題である。

やるべきことをメンバーにきちんと伝えず、メンバーに十分必要な情報を理解させていない。また、さらに悪い場合には、その仕事をしなければならない理由や背景、意味や全体像について、まったく説明を行っていなかったりする。その結果、その仕事の本来の目的や重要性、緊急度に関してチームメンバーが正しく理解できず、求められるアウトプットの水準に達しなかったり、誤った判断をして的はずれな行動をとることになってしまう。

また、背景・目的を十分メンバーに理解させないまま、メンバーに作業だけを行わせた場合は、当然、メンバーのモチベーションも上がらない。そして、そのような状態からはよい結果が生まれるはずもない。

このように、「情報の減衰」はそのまま、チームの「力の減衰」に直接的に影響を与えてしまうのである。

❷ マネジャーがメンバーの力を理解していない

マネジャーがメンバー一人ひとりの力を十分理解していない、というのも「力の減衰」が起こり「チーム力」が発揮されない原因だ。

人にはそれぞれ得手不得手がある。チームを構成する意味は、各人が持つ強みを活かし、互いに助け合いながら一人ではできないことをみんなで達成していくところにあるはずだ。

しかし、マネジャーがメンバー一人ひとりの力を十分理解しないまま、タスクを割り振ったら、メンバーの強みを引き出したり、相乗効果を生み出したりすることは難しい。下手をするとチーム内に不協和音を生み出し、1＋1が2以下になってしまうことも十分あり得るのだ。

❸ マネジャーがメンバーの支援をしない

メンバーにタスクをやり遂げさせるための支援をしない、あるいは、メンバーの自発性を重んじない、というのも「チーム力」を妨げる大きな要因だ。

マネジャーがメンバーの支援をしないということは、活動のフォローアップができていないということだ。優秀な人間なら、自分が何で困っているかを客観的に把握し、適切に支援を求めることができるが、それができないメンバーも数多く存在する。

マネジャーはチームの力を引き出すためにも、誰が何に困っているのかを察知し、メンバーから求められなくても、必要に応じて手をさしのべるべきである。

メンバー各自がやり遂げるということなしに、個人の学習・成長はない。個人の学習・成長なくしては、チームとしての強みは醸成されていかない。

❹ マネジャーがメンバーのやる気を引き出せていない

マネジャーはメンバーのやる気を引き出さなければならない。もしそれができていないのであれば、それは「チーム力」を低下させる大きな要因になる。

「やる気を引き出す」といえば、すぐに成果給などの金銭的報酬に話が行きがちだが、金銭的報酬だけがすべてではない。もちろん金銭的報酬も重要ではあるが、認められたいという思いは、各人が意識している以上に大きいものである。それは人のモチベーションに非常に大きな影響を与える。

何かをやり遂げた時のリーダーからのさりげない感謝の一言、大勢の前でのちょっとした賞賛を、誰もが一つや二つ、心地よい思い出として持っているのではないだろうか。マネジャーのちょっとした人に対する気配りが、「チームの力」を生かしも殺しもするものなのだ。

以上の四つのポイントを見ていただくと、「力の減衰」とマネジャーの力量に大きな関連があることを理解していただけたと思う。もし半分しかチームの力が発揮できないとすると、それは見方を変えれば、企業にとっては給料を倍払っているようなものである。人という資源が半分しか活かされていないとすれば、それは深刻な問題である。

「三人よれば文殊の知恵」という幻想

昔から「三人よれば文殊の知恵」という言葉がある。この言葉は、具体的に物事を行う場合や、意思決定を行う場合、個人の判断よりも集団の判断のほうが優れているに違いないということを表している。より細かく言うと「三人よれば文殊の知恵」の意味するところは、次の二つの側面に分けられることになる。

一つは、個人で何かをするより、集団でしたほうが、平均的に優れた結果が生まれるという側面である。つまり、集団の中に優れた人がいれば、その人にみんなが引っ張られて、みんなの結果がよくなるということである。

もう一つの側面は、一人でやっていた時には存在しなかったものが、集団でやることで新たに生み出されるということである（これを「創発」と呼ぶが、これについては後で詳しく説明する）。

この二つが「三人よれば文殊の知恵」の効果であるが、注意しなければならないことがある。それは、認知科学分野における実験結果によっても明らかにされていることだが、これら「三人よれば文殊の知恵」の効果は、ただ単に三人が寄り集まって仕事をともにしても手に入れることはできないということである。

すなわち、チームをつくれば、自然に「三人よれば文殊の知恵」の効果が働き、チームとしての力が発揮される、という淡い期待は捨てなければならない。また、何もしないで新しいものが生まれてくるというのも、期待できないのである。すなわち、「三人よれば文殊の知恵」とは言われるものの、何もしなければチームとしての総合力を発揮することもできないし、新しいものも生まれてはこない。

では、なぜ「三人よれば文殊の知恵」が成り立たないのか。それは、個人が集団に組み込まれることで、個々のメンバーのモチベーションが低下してしまうからである。「チーム全体としての結果はもちろん高いほうがいいが、自分の労力は抑えたい、なるべく楽をしたい」というフリーライダー（ただ乗り）の誘惑が生まれてしまうのである。

さらに、実務的な作業であれ、知的な作業であれ、必ずどこかのプロセスにおいてボトルネック（全体の効率や成果を下げてしまうような部分的な障害）が発生してしまう。その他のプロセスとの調整を行う際に、必ずといっていいほど無駄が生じてしまう。このように分業の仕方によって非効率が生まれることもあれば、資源や機会（たとえば会議における発言の機会など）が均等にメンバーに分けられることで、有能なメンバーの貢献度が低下するといった非効率も生じたりする。

また、それ以外にも「同調圧力」が働く場合もある。つまり、メンバーの一人だけが正解を持っていて、残りのチームメンバーが間違ったことを支持していた場合、その一人がみんなの誤りを指摘し、その状況をくつがえしていくのは並大抵のことではない。その結果、チーム全体として間違った方向に進んでしまったりする。

このように、ただ単にチームで活動すればチームとしての力が発揮できるというのは幻想である。マネジャーはこのようなチームの行動特性を理解し、メンバーを率いていく必要があるのだ。そのためには、メンバー一人ひとりに的確な指示を与え、きちんとしたフォローを行っていけるだけのスキルをマネジャーが身に付け、リードしていくことが「文殊の知恵」を発揮させる必要条件となる。

「文殊の知恵」もまた、マネジャー次第ということだ。

3 メンバーが成長しない（フィードバックループの減衰）

組織力を高めるフィードバック

三つ目は、「フィードバックループの減衰」である。

何事につけフィードバックなしでは物事は改善していかない。世の中でよく言われるＰＤＣＡ（Plan-Do-Check-Action）のサイクルをまわしていくことは、基本中の基本だが最も重要なことでもある。

組織の中におけるフィードバックループとはまさに日々のオペレーション（業務）を遂行し、その結果を評価し、さらなる改善につなげていくことに他ならない。これができてこそ、はじめて人も育ち、組織力が強化されることになる。

たとえば、フィードバックの例として、成果主義にもとづく評価制度がある。

近年の成果主義の導入とそれへの移行は、企業が厳しい経済環境を生き延びるために、社員が新しいことに果敢にチャレンジできる環境を整え、人を育て、組織を活性化させたいという背景がある。成果主義は、そのような点で、まさに組織内のフィードバックループを強化するためのものなのだ。

ただ、みんながその必要性を認め、その方向に向いているにもかかわらず、成果にもとづく新しい評価制度が十分機能せず、組織力の強化に役立っていないというのが、おおかたの実感である。それはなぜか。

さまざまな要因が考えられる。一つは、せっかく業務目標を策定しても組織や業務の変化が激しく、一年経って評価を行う頃には当初設定した業務目標と実際とが大きくずれてしまっており、あまり意味をなさないものになっている場合である。また、明確な業務目標を設定することで、逆に、個人の裁量に任されるべき自発的で創造的な活動を評価することができないという場合もある。他にも、業務目標があること自体、そういった自発的活動を阻害する要因になってしまうこともある。

その結果、評価のフィードバックを行う場が無味乾燥なものとなり、認められる人は業務達成力が高い人ではなく、上司に気に入られている人になりがちだ。結局は形ばかりの人事評価制度でしかないといった不満が、逆に社員の間に広がることになる。これでは人は育たないし、組織力も強くはならない。

マネジャーの評価能力がボトルネック

しかしながら新しい評価制度が定着しない一番の理由は、目標を設定して評価を行うマネジャーにあると筆者は考えている。経験的に言って、実際、評価される人の三分の二が、評価する側の人となりや評価能力に懸念を抱いている。一方で、皮肉にも、評価者の側は、その半分以上が自分はきちんとメンバーを評価できていると思っていたりする。このように信頼関係がない組織では、いかに仕組みを精緻化しても、問題の根本解決にはつながらない。これは評価結果の中身を議論する以前の問題である。

成果にもとづく評価制度の導入以前は、むしろ評価対象者が本当にこの制度を受け入れるかどうかについて盛んに議論された。しかし、新しい評価制度の導入の成否は、評価者自身にかかっている。評価者が制度の本来のねらいを十分に理解していない状態で、人事部の作成したマニュアルにそって、あたかもペーパーテストの採点をするように点数をつけ、何の事前準備もなくダイアログ（対話）をしているようでは、成功は程遠い。

成果にもとづく評価制度の成功の鍵が、実はマネジャーにあるのだということを示す事例を紹介したい。

成果主義とも呼ばれる新しい評価制度が日本でも普及するようになったのは、外資系企業とりわけアメリカの企業によるところが大きい。たとえば、モトローラ社は九〇年代半ばに、全世界の事業所に共通のプログラムを導入することを決定した。国により人事制度も商習慣も雇用条件も異なることを前提に、外部専門家による導入のための綿密なプログラムが開発され、各国の事業所で導入チームが編成された。

そして年度の中間、および終了後に、上司とメンバーとの間で行われるべきダイアログ（対話）のために、たとえば「あなたは意義のある仕事を担当していると思っていますか」「担当する仕事を遂行するのに必要な上司からのサポートを得ていますか」などの六つの質問文章の雛形までもが整備された。さらには、マネジャーとメンバーの積極的なダイアログの実施状況を把握するシステムも開発され、職場ごと、事業所ごとに実施状況をグラフ化し、経営層がそれをチェックしていた。

これほどまでに導入の準備をし、運用のサポートをしても、定着までには何年もの歳月をかけなければならなかった。最も難しかったのは、「何のための評価か」という根元的な問いに対して、評価者に明確な理解と確固たる信念を持たせることにあった。つまり「ハウ・ツー」はマニュアルで教えられても、「マネジャーからメンバーに対するフィードバックこそが人を育て、組織力を強化するのだ」という理念をきっちり浸透させるにはかなりの年月を要するということである。

人は、自分のキャリアゴールを目指しながら、成功し、失敗し、承認され、動機付けられ、さまざまな、客観的なフィードバックを受けながら成長していく。適切で重みのあるフィードバックなしでは人の成長はあり得ない。にもかかわらず、忙しいことを理由に、よく考えもせず評価を決めてしまうマネジャーの姿勢・考え方にこそ、問題があるのだ。個人のキャリア意識の高まりとともにマネジャーの評価者としての姿勢が問われている。

フィードバックの重要性

人が育つためのフィードバックループをマネジャーがまわしていくためには、メンバーが当初の目標をきちんと理解・達成し、その達成経験を通じて自信を深め、成長することが大切となる。

その過程でマネジャーがはずしてはならないポイントが三つある。

①　適切な目標、活動計画を設定し、マネジャー、メンバーの双方が納得して開始すること。

②　必ず途中でダイアログ（対話）を持ち、進捗状況やまわりの環境変化を共有すること。すなわち、何がどれほど進んでいるか、遅れているかを確認したり、対応策やマネジャーからの必要な支援などを行うことである。

③　そして最後は、結果はどうであったかを双方で確認する。何ができ何ができなかったか、何が正しく何が間違っていたかを共有すること。とくに、何を学んだか、それを今後にどう活かすかを共有することは大切だ。

マネジャーはこの一連のフィードバックの重要性を十分認識し、実施していく必要がある。マネジャーはややもすると目の前の業務の忙しさに流され、部下の評価や、承認やカウンセリングに時間を割くことが疎かになりがちだ。常に人を育てるという意識を持たなければ、フィードバックは無味乾燥なものになってしまう。

評価制度の主旨は、功績・貢献に公平に報い、かつ、将来への期待も伝えることである。また同時に、ダイアログ（対話）は不十分な成果しかあげられなかった人への指導・助言を行い、必要な支援を話し合う絶好の機会でもある。にもかかわらず、忙しいことを理由に、適切なフィードバックをせず、よく考えもせずに評価を決めてしまうマネジャーの姿勢、考え方にこそ問題があるのである。

評価制度を変えても、それを運用するマネジャーが変わらなければ「フィードバックループの減衰」が起こり、人が育たなくなり、組織力は高められるどころか、発揮することも難しくなる。

4 組織の中で消えていく顧客の声（顧客の声の減衰）

消えていく顧客の声

四つ目は「顧客の声の減衰」である。

事業規模が拡大すると、それにともない組織は大きくなっていく。組織が大きくなると、通常、組織の細分化が行われ、官僚制を基本とした階層構造、機能分化が進んでいく。組織のメンバー全員が顧客と接するということも難しくなり、組織内では部門間の調整ばかりに手間がかかってくるようになる。

その結果、顧客の声が組織内でどんどん減衰するという「顧客の声の減衰」が起こってしまう。すなわち、組織と顧客の距離はどんどん離れていってしまうことになるのだ。

その「顧客の声の減衰」は、大きく分けて次の三つの方向で起こってくる（図２−２）。

図2-2 顧客の声の減衰

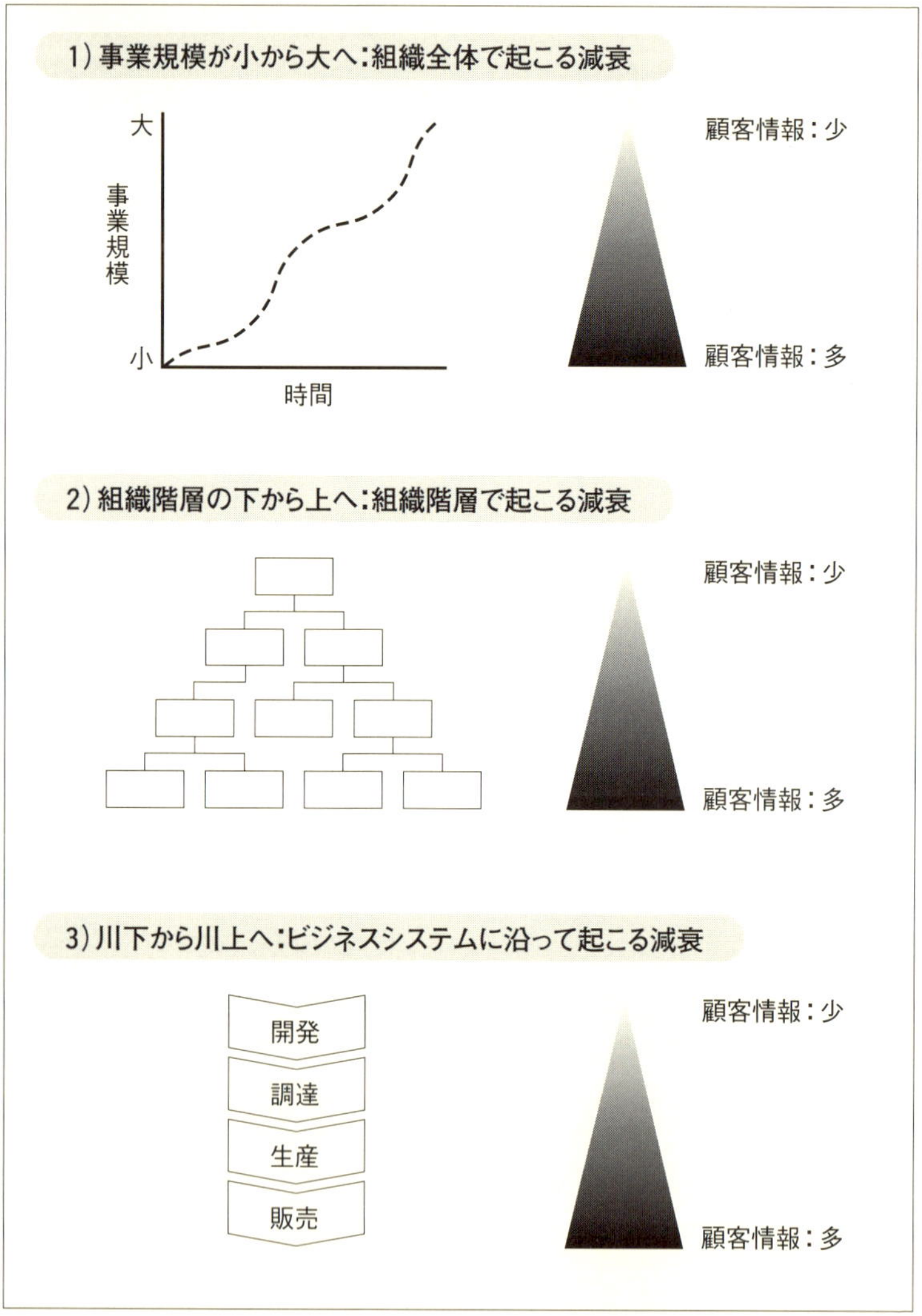
1）事業規模が小から大へ：組織全体で起こる減衰
大
事業規模
小
時間
顧客情報：少
顧客情報：多
2）組織階層の下から上へ：組織階層で起こる減衰
顧客情報：少
顧客情報：多
3）川下から川上へ：ビジネスシステムに沿って起こる減衰
開発
調達
生産
販売
顧客情報：少
顧客情報：多

❶ 組織全体で起こる「顧客の声の減衰」

まずは、組織全体で起こる「顧客の声の減衰」であるが、それは、組織内でのコミュニケーション全体の中で、顧客ニーズや顧客状況に関するコミュニケーションの占める割合がだんだん低下してくることを意味する。たとえば、顧客ニーズに最も敏感であるべきはずの営業の現場において、顧客ニーズに関する本質的な情報が抜け落ちたり不十分なまま、目先のプロモーション実施のための調整や、商品手配のやりとりばかりに焦点が当たってしまう、といった状態を指す。

また、実際の顧客の状況から乖離して、抽象化された数字だけが独り歩きし議論の中心になるといった状態も「顧客の声の減衰」が起こっている状態だ。おそらく、会社が小さい時や新しい事業の立ち上げの時には、「あのお客がこういうことを言ってきた」「競合他社のA社からこの案件を奪い取ったので、あの顧客内でのシェアは五〇％を超えた」といったような、生々しい顧客についての話が会話の中心であったにもかかわらず、会社が大きくなったり組織が複雑化したりすると、どうしても顧客の生の声が組織の隅々まで届かなくなるのである。

❷組織階層で起こる「顧客の声の減衰」

二つ目は、組織階層で起こる「顧客の声の減衰」、すなわち、組織の末端から上層部へいけばいくほど、顧客情報は薄まっていくという事実である。

説明するまでもないかもしれないが、組織が官僚的な仕組みを持つ以上、マネジメントの上層部へいけばいくほど、内部統制や意思決定の業務の比率が増えてしまう。現場だけでは解決できない課題が組織階層の上へ上へと登り、組織の上層部にいけばいくほど、仕事の多くがそのような課題の調整や意思決定になっていく、ということである。

その際、先ほどの「情報の減衰」によって、現場に存在していた生々しい顧客の声が、組織の階段を登るにつれて削ぎ落とされていってしまうのだ。本来、適切な内部統制や正しい意思決定を行うために最も重要になるのは、その出発点である顧客の声であるはずだ。

その顧客の声が現場では生々しく存在していたとしても、最終意思決定を行う組織の上層部ではそれが薄まってしまったりする。このようなジレンマが組織の拡大とともに起こってくるのだ。

❸ビジネスシステムに沿って起こる「顧客の声の減衰」

最後は、ビジネスシステムに沿って起こる「顧客の声の減衰」である。ビジネスシステムというのは、製品・サービスを送り出すプロセスの順序（たとえば研究開発・調達・生産・販売といったプロセス）のことである。

組織の中では、顧客から遠い機能（すなわち、ビジネスシステムの川上の機能）へいけばいくほど、顧客に関する情報量は少なくなってしまう。そしてそれは、事業の拡大、機能分化が進むにつれ、より顕著に現れるようになる。

おそらく、その問題が最も企業に深刻な影響を与える分野が、R&D（研究開発）分野ではないだろうか。中長期的成長の根幹となるR&D機能に顧客ニーズが届かないというのは、企業にとっては、さながら海図のないまま航海する船のようなものである。

もちろん、顧客ニーズを出発点とせず、独自の卓越した技術（種という意味の英単語である「シーズ」と呼ぶことが多い）にもとづき新商品を生み出し、マーケットを開拓していくというシーズ型商品開発の重要性を否定するつもりはない。しかし、顧客ニーズは日々変化をしているため、まったく顧客ニーズを考慮しない研究開発が企業に長期的な繁栄を約束するということは考えにくい。

もちろん、企業がR&Dから販売にいたるまでのオペレーションを行っていく以上、顧客ニーズに関する情報以外の情報もやりとりしなくてはならない。しかし、組織の拡大にともない、ただただ組織内部の情報のやりとりばかりが増大し、肝心の顧客ニーズに関する情報の比率がどんどん低下していくことは、絶対に避けなければならないことだ。

「組織の時計」と「顧客の時計」は違う

このような「顧客の声の減衰」と同時に、組織と顧客の関係で、もう一つ大きな問題が事業拡大とともに生じることになる。それは外部の変化（この場合は顧客ニーズ）と組織の対応のあいだに、時間的なずれ、すなわち対応の遅れが生じてくることである。

これは、外部変化（顧客ニーズの変化など）に対応するための意思決定が、部門間の調整や組織階層を行き来することで遅くなってしまうためだ。顧客情報の不足が、さらにそのやりとりの遅れを助長する。たとえば、顧客クレームへの対応に非常に時間がかかったりするケースなどもこの典型的な例であろう。

「組織の時計」と「顧客の時計」の進み方は、通常「顧客の時計」のほうが早いものだ。たとえば、顧客が満してほしいニーズやクレームは、彼らにとって「いま」の問題であり、すぐにでも解決したい課題だが、企業側の理屈はそうではない。クレーム対応には対応策やそのコストを検討する時間が必要だし、ニーズを満たすにはR＆Dから始めるべきで時間がかかる。

もちろん、全顧客の「いま」の課題を現時点ですべて解決することは難しい。しかし「顧客の時計」の進み方は「組織の時計」より早いということをくれぐれも忘れてはならない。企業が顧客から離れ、顧客への対応の遅れが目立つようになってきたら、その企業は競合他社に対して優位性を維持することはできなくなってしまう。

もちろん、企業も頭ではそれを認識している。自社と顧客との距離や意思決定速度の低下に対処するため、さまざまな情報技術の活用や、組織上の工夫を行っている。

一時期、カスタマー・サティスファクション（ＣＳ）推進室のような専門部隊の設置が流行した。ただ、注意しなければならないのは、ＣＳ推進室のような機関は、顧客対応に、少しは役立っただろうし、とくにトップの近くに顧客情報を吸い上げる仕組みができたこと自体は意味あることだったのだろうが、結果的にはうまくいかなかったケースが多い、ということである。

なぜなら、そのような機能だけでは、先ほど議論した「顧客の声の減衰」を到底解決することはできないからだ。むしろ、一時的に一部の顧客との問題が解決されてしまうが故に、本質的な課題解決から注意が削がれ、さらに状況を悪化させることにもなってしまう。

それと同様のことは他にもある。顧客情報を共有化するためのデータベースの構築や、フラット組織の導入、現場への権限委譲や文化・ビジョンによる顧客志向の方向付けなど、いくつもの対応策がこれまでしばしば実施されてきた。しかしその大多数は、顧客情報データベースを構築し、イントラネットで共有する仕組みをつくったものの、データベースはうまく活用されず無用の長物になってしまった、フラット組織にしたが何も変わらなかった、トップが顧客重視のビジョンを謳うものの、従業員がそれを共有し体現していかなかった――

といったような結果に終わってしまったのだ。

「顧客の声の減衰」を防ぐための簡単で単純な解決方法はない。唯一解決できる可能性があるとすれば、各人（マネジャーやメンバー、あるいは社長や役員）が顧客との直接の接点をできるだけ多く持つようにするしかない。情報システムはそれを支えるためのものでなければならないし、CS推進室も、顧客情報を収集・分析するだけではなく、組織と顧客との接点を拡大するための仕組みづくりを目指さなければならないのである。

組織のフラット化も、一見それだけで多くの問題を解決しそうだが、実は組織の末端が責任と権限をあわせ持ち、自発的に動けるようになっていなければ、逆効果に終わってしまう場合が多い。組織をフラット化しても、それだけでは顧客の声は反映できないものである。むしろ、それに安心してしまい、意思決定や対応がさらに遅れてしまうというリスクさえはらんでいる。

いままで見てきたように、組織の「組織力」を殺いでしまうのは、「情報の減衰」「力の減衰」「フィードバックループの減衰」「顧客の声の減衰」の四つに大きく分けることができる。

そして、何より注意しなければならないのは、そのほとんどが、人の持つ特質や能力に深く根ざしたものだということだ。そういった意味においても、組織の中の「減衰作用」を抑え込む鍵もまた、人そしてマネジャーにあるのである。

もちろんトップにもこれらの減衰作用を防いでいく責任はある。しかし、それ以上に、チームメンバー一人ひとり、そしてとくに日々の業務遂行をリードするマネジャー一人ひとりが、最も重要な役割を担っているのだ。

3
CHAPTER

第３章

完遂する組織・期待を超える組織をつくる「遂行能力」

「遂行能力」の第一段階は多くのマネジャーが「完遂力」を発揮することによって達成される。そして、「遂行能力」の第二段階は、それにとどまらず組織の至るところで期待を超える動きが沸き起こってくる「期待を超える組織」をつくり上げることにある。

そこは、「人こそすべて」の世界があり、人を育てる喜びと厳しさが混在する。マネジャーは「オーバーアチーブのためのリーダーシップ」を発揮し、個人と組織のＷｉｎ・Ｗｉｎの関係を勝ちとらなければならないのだ。

1 マネジャーの完遂力

マネジャーの心得

前述したように、組織には「組織力」を低下させる四つの減衰作用が存在する。チームの持てる力をフルに発揮し、目標を達成するためには、これらの減衰作用を見極め、その影響を極小化する必要がある。

組織力の減衰作用を克服する鍵は、マネジャーがにぎっている。そのため、マネジャーの力量によって、減衰作用は大きくも小さくもなる。その結果、企業の戦略を具体的なオペレーションに落とし込み、早く実行して結果を出していく「遂行能力」にも大きな差が出てしまう。「減衰作用」によって目標の達成が困難になった場合、その原因をマネジャーがきちんと理解し、適正な手立てを打たなければならない。

よって、本章では、四つの「減衰作用」に打ち勝ち、「組織力」の一つの構成要素である

「遂行能力」を高めるためにマネジャーが成すべきことについて議論していきたい。

まずは、マネジャーが「完遂力」を発揮するためのリーダーシップのあり方について説明しよう。


マネジャーに求められるものは極端な話、「やり遂げること」ただそれだけである。企業の評価と同様、結果を出してはじめてマネジャーは評価されることになる。

ただ、個人の成果が問われはじめると、自分のことしか考えられなくなるマネジャーがよく出てくる。そのようなマネジャーには、人を育てる余裕がない。しかし、人を育てない限りチームの成長はないので、長い目で見れば、人を育てないとチームとしてのやり遂げる力はかえって低下していく。

すなわち、「やり遂げること」と「人を育てること」は、鶏と卵の関係のようなものであり、バランスをとりつつ、そのどちらも追求していかざるを得ないものなのだ。

メンバーを使い捨ての道具のように考え、人を育てられないマネジャーは失格だ。そのようなリーダーが出世の階段をどんどん登っていくような企業は、早晩、競争力を失うことになるだろう。

マネジャーはやり遂げると同時に人を育てなければならない。そのためになにより注意しなければならないのは、自分自身が成長し、魅力あるリーダーでありつづけなければならな

図3-1　減衰を止めるマネジャーの心得

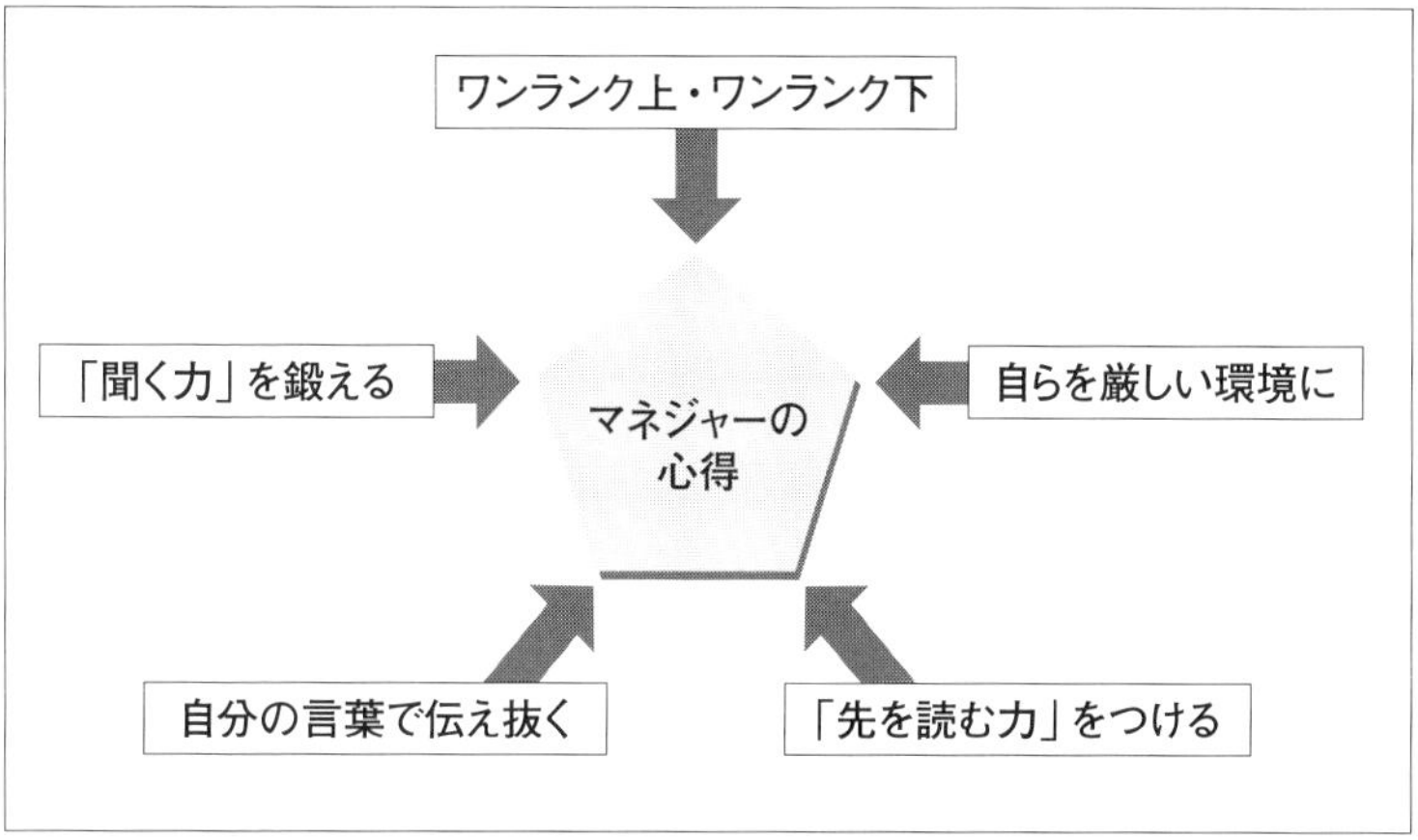

い、ということである。

マネジャーが自らのチームを率い、その目標を「やり遂げる」ために不可欠なポイントが五つある。これは「マネジャーの心得」とも呼べるものだ（図３−１）。

1. ワンランク上で考え、ワンランク下で手足を動かす
2. 「聞く力」を鍛える
3. 自分の言葉で伝え抜く
4. 自らを厳しい環境に立たせる（コミットメントを持つ）
5. 「先を読む力」をつける

一つひとつは、いずれも一見きわめて基本的なことのように思えるが、真にその意味を理解

し実行すれば、マネジャーがリーダーシップを発揮するうえで、きわめて大きな効果が期待できるものだ。

そこで次に、この「マネジャーの心得」を順に説明していきたい。

❶ ワンランク上・ワンランク下

まずは「ワンランク上で考え、ワンランク下で手足を動かす」を心がけることが、マネジャーには必要だ。つまり、ワンランク上の立場になって考え、ワンランク下の身になって手足を動かすことのできるリーダーを目指すべきだということである。

マネジャーは会社の戦略、ビジネスモデルを深く理解したうえで、トップの指示を全体の文脈の中でしっかり把握しなければならない。それを受けて、正しい意思決定を行い、日々の業務を実践していかなければならない。

そのためにマネジャーが常に組織全体の視点から、一段高いレベルに自分を置き、そこから客観的に自らの置かれている立場、これから行おうとしている行動の意味合いを深く考えることは重要だ。それによって、いままで気づかなかったより効果的で効率的なやり方を思いついたり、これまで見落としていた部分や間違いに気づいたりできるはずである。

この「ワンランク上の考え」を行うことは、次なるステップの経験を事前に積んでおくことにもつながり、自らの成長を大きく促すことになる（「ワンランク上の考え」とも密接に関連する戦略マインドを高めるヒントについては、次章で詳しく説明している）。

それと同時に、「ワンランク下」に目線を置いて自ら実際に作業に関わっていく姿勢も大切だ。ワンランク下の身になって手足を動かすことによって、「下が全部やってくれる」という「丸投げ意識」を避け、チームの結束力やメンバーからの信頼を得ることができるはずだ。また、自ら作業の一部に関与することによって、入ってくる情報量やその正確さも大きく増すことになる。「丸投げ意識」を持っているようなマネジャーは、メンバーから信頼もされず、生の情報も入ってこない。そして、そんなマネジャーは、もちろん人を育てることもかなわない。

❷「聞く力」を鍛える

次に、正確に「聞く力」をつけることがマネジャーには必要だ。

顧客が言うこと、上司が言うこと、メンバーが言うこと、それらすべてを正確に理解する必要がある。そのためには、自分なりに話を咀嚼しながら聞かなければならない。

人とのコミュニケーションは、会話の流れによっていろいろな方向に発散してしまうことが多い。そのため、何かを伝える側は言うまでもないが、実は、聞く側にもそれなりに心構え・準備が必要である。

「聞く力」を鍛えるためには、まずわかる範囲でかまわないので、自分の頭の中に全体像

図3-2 「聞く力」をつけるために

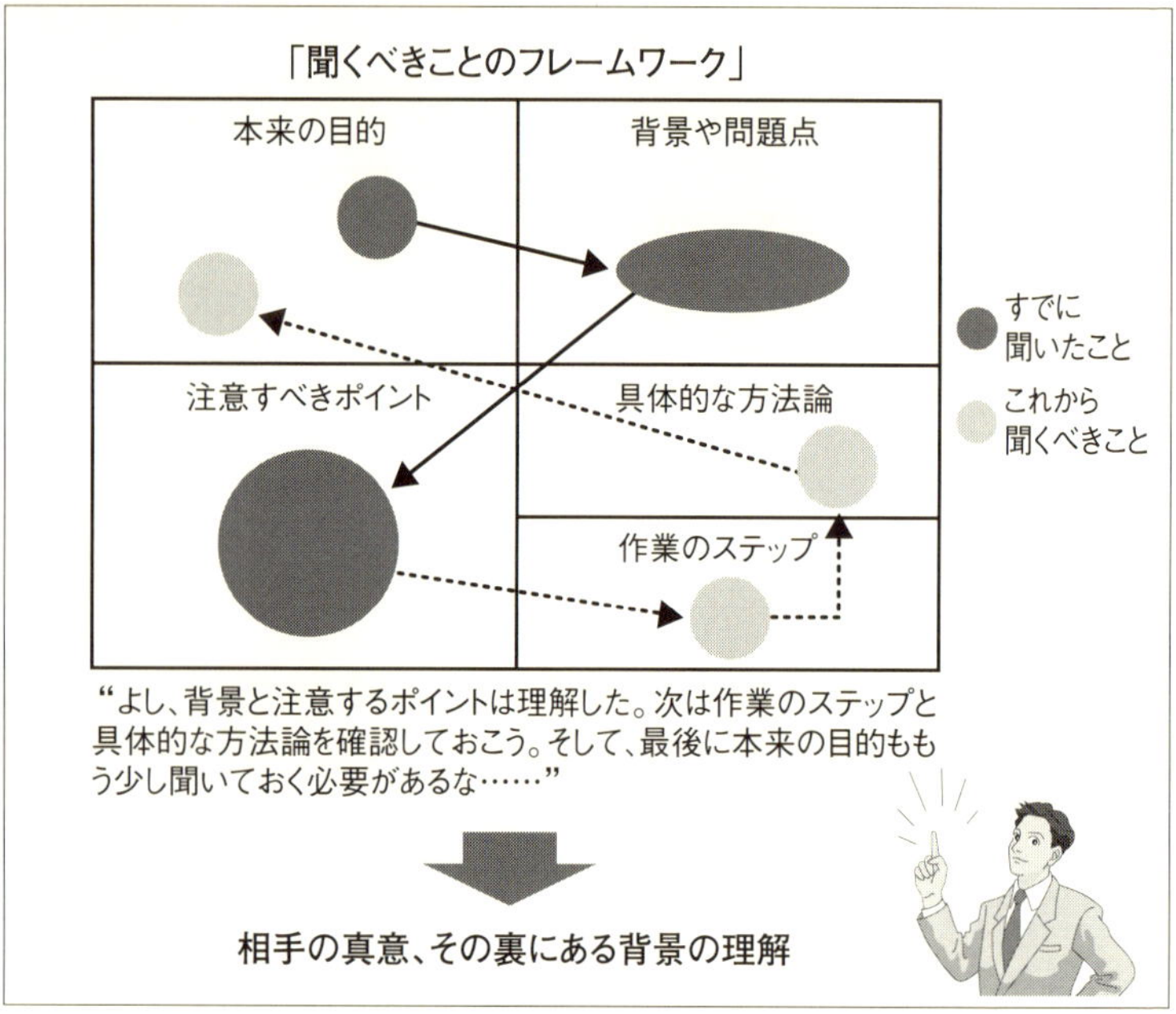
「聞くべきことのフレームワーク」
本来の目的
背景や問題点
注意すべきポイント
具体的な方法論
作業のステップ
すでに聞いたこと
これから聞くべきこと
“よし、背景と注意するポイントは理解した。次は作業のステップと具体的な方法論を確認しておこう。そして、最後に本来の目的ももう少し聞いておく必要があるな……”
相手の真意、その裏にある背景の理解

と呼べるようななんらかのフレームワークを持つよう心がけるのがポイントだ。常にそのフレームワークに照らし合わせながら、自分が知るべき内容を確認していくのである（図3－2）。

そして、ただ単に相手が話す言葉の表面を理解しようとするだけでなく、相手が伝えたいメッセージは何なのかを意識し、その真意を常に探りながら聞くことが重要となる。「情報の減衰」のところでも述べたように、伝える側も、その考えを一〇〇％うまく表現できないことが普通だ。常に相手の真意は何か、その裏にあるものは何かを徹底的に聞き取る努力をしなくては、「聞く力」を鍛えることはできない。

しかし、「言うは易く、行うは難し」で、「聞く力」を身につけるためには、日々の小さな訓練の積み重ねが必要とされる。ロジカルシンキングやロジカルコミュニケーションといった分野の書物が巷にあふれているが、頭の中に全体像をつくり相手のメッセージを正しく聞き取るために、そのような書籍をいくつか手にとってみることも、よい入り口とはなるのではないだろうか。

❸ 自らの言葉で伝え抜く

「情報の減衰」を止め「力の減衰」を防ぐために、マネジャーは伝えることの労力を惜しんではならない。誠心誠意、自らの言葉で伝え抜くことがとくに重要となる。

ただ、「自らの言葉で伝え抜く」ためには、避けて通れない困難も多い。メンバー間に力量のバラツキがあると、個々のメンバーのレベルに応じた説明の仕方をしなければならないし、また、業務をスムーズに行うためには、常に整合性のとれた具体的な指示を出す必要がある。

さらには、人を育てるためにもマネジャーは、きちんとした指示や情報だけでなく、価値観や理念を（押し付けではなく）自らの言葉で伝える必要がある。そうしなければ、メンバーには伝わらず、人を動かすことはできない。

そのように、「自らの言葉で伝える」ことは非常に大切なことなのだが、その際に気をつけるべきポイントがあるので、それを以下にまとめておく。

1. できる限り直接話をするコミュニケーションを重視

人間は五感で情報を理解している。マネジャーの表情や語気・雰囲気から、メンバーは多くのメッセージを読み取っている。フェース・トゥー・フェースのコミュニケーションのほうが、メールなどに比べてはるかに情報量は多い。

もちろん、メールは便利だし、仕事においては必要不可欠なものだ。しかし、メールは日に何十通、多い人は何百通も受け取るため、重要なメッセージがそれら情報の渦に飲み込まれてしまうことにもなりかねない。

多様なコミュニケーション手段を活用すること自体、なんら悪いことではないのだが、だからといって、直接的なコミュニケーションをおろそかにしてはならないのだ。

そのような直接コミュニケーションの重要性を認識している企業は、トップ自ら、それを実践している。ある上場企業では、業績の下方修正を余儀なくされ戦略転換を決定した際に、全国の営業拠点網および本部機能のほぼ全社員約一五〇〇人に対して、約四〇回にもわたる小規模な対話型のミーティングを各地で実施した。そのすべてに社長および主だった経営陣が出席し、十分な質疑応答を行った。そして、見事に業績の回復を果たしたのだ。他にも、

ＣＥＯ、ＣＯＯをはじめとするチーフオフィサーが、百人以上のすべての管理職に対して個別面談を年度末に実施し、業績評価を行っているような上場企業の例もある。

このような活動は、それをしたからといって短期的に爆発的な効果があるということはないかもしれないが、ボディーブローのように中長期的に「組織力」向上に効いてくることになるのだ。

2. しつこいと思われるほど、同じメッセージを一貫して繰り返し送りつづける

人は二度、三度と聞いた話は、理解度が増すとともにその理解がより正しく深いものになっていく。人は聞いたことをまず表面的に頭で理解する。しかしそれを何度も聞いて、それについて考えているうちに、自分なりの解釈を行い、共感、共鳴していく。そうなってはじめて人の行動が変わってくる。

本当に人を自発的に動かし、育てようと思ったら、メンバーに対する指示、そしてその背後にあるマネジャー自らの価値観や理念なども徹底的に伝えていくことが重要となる。メンバーはそのようなコミュニケーションの中からやる気を見いだしていくものだ。

3. 組織の各階層とコミュニケーションを持つ

コミュニケーションは、できるだけ組織の各階層に対して行う機会を多く持つべきである。

目的の達成のために上を動かし下を動かし、そして横も動かす——これがマネジャーの役割である。そのためにはすべての関係者に意図を伝えきらなければならない。コミュニケーションが、上から下、あるいは下から上だけといったような一方通行であっては、物事が動いていくはずもない。

組織の要であるマネジャーがしっかりとしたオーナーシップ（当事者としての責任感）を持って、上や下や横に積極的に働きかけていくことが「やり遂げる」うえで最も重要なことなのである。マネジャーによるミドルアップダウンによって、はじめて組織は大きく動いていくものなのだ。

❹ 自らを厳しい環境に立たせる

「マネジャーの心得」の四つ目は「自らを奮い立たせ、厳しい環境に立たせつつ、積極的に仕事に取り組んでいくこと」だ。組織の要であるマネジャーにやる気がなければ、メンバーにやる気を起こし、結果を出させることは望むべくもない。

少し話は横道に逸れるが、日産自動車に、厳しいリストラを生き抜いた中間管理職がいるようだ（「働くということ」『日本経済新聞』コラム二〇〇四年五月二九日より）。

現在、副社長補佐でスピーチライターを担当する岸雄治氏（当時四五歳）は五年前、「目標を達成できなければ退任する」というゴーン氏の演説を、横浜工場でスピーカー越しに聞いていた。岸氏は一六年勤めたエンジン用金型制作部門が売却される直前に他部門に移り難を逃れたのだが、加速する再建策が足元を洗い、危機感は急速に全社に浸透している状況だった。役員は「意思決定しない管理職は不要」と言い、若手も「マネジャー、早く結論を」と迫ってきていた。

しかし、当時のマネジャーは「怒鳴り、丸投げ、突き返す」でこれまで済ましてきたため、意思決定をしたことなどほとんどない。岸氏も当初「うっ」と立ちすくむことが多かったようだが、排ガス処理装置の課長だった岸氏にとって、新設の「メーク・オア・バイ（内製か外注か）」制度が転機となったらしい。部下とともに徹底的にコスト削減策を練り、内製を勝ち取ったのだ。いまでは講演などを通して、経営陣の思いを発信することに全力投球をしている。

それぞれの企業の状況によって異なるので、一概には議論できないが、岸氏のように自らを厳しい環境に立たせ、積極的に仕事に取り組んでいく姿勢は見習うべきであろう。では、自らを厳しい環境に立たせようと思えば、どのようにすればよいのか。

第一に、自分が所属する組織に対してコミットメントを持つことだ。

人は多かれ少なかれ、死ぬまで、こうありたいという理想に近づこうとする生き物である。組織に対してコミットメントを持つということは、組織の成長や組織の目指しているところと、自分が目指している理想との整合性を見出していくことに他ならない。そして、組織の成長や部下の成長を喜び、使命感・達成感を共有することで、さらに組織へのコミットメントは高まっていくものである。

どうせやるなら徹底的にコミットしてやってみる。その中から新たな道も拓けていったりもする。もし、組織が目指すものと自分が目指すものとの間にどうしても大きな溝がある場合、マネジャーとしての影響力を行使し双方の歩み寄りの場を模索すべきだが、それでもギャップが埋まらなければ、転職するというオプションも、いまのご時世ないわけではない。

そして、自らを厳しい環境に立たせるためのもう一つのコツは、人の倍働く気概を持つことだ。マネジャーは部下の倍働くハードワーカーでありたい。いまの二倍働く気になれば、道は拓けるものではないだろうか。その熱意に協力者も出てくるし、顧客にも話を聞いてもらえるようになるはずだ。

二倍働くというと大変な負荷と思われるかもしれないが、そんな時にはこう考えればいい。重要度・優先順位を考え、集中力を高め、内容の効率化を行うことで$\sqrt{2}$倍、そして時間で$\sqrt{2}$倍やれば、掛け算で2倍の成果を出すことも可能になる。$\sqrt{2}$という数字はおよそ40%分のプラスαである。時間については、通常8時間働くところを3時間余分に働く。効率については、どのような業務にも必ずといっていいほど存在するムダや重要性の低い仕事を40%削減する。もちろんチャレンジングな目標ではあるが、こう考えれば、倍働くということも、それほど非現実的な考えでもないと思えてこないだろうか。

かつては上役というものは遅く出社し、早く退社するものだった。それが社会的にも一つのスタイルと思われていた。部下が何もかもやり、お膳立てしてくれていたから、そういうこともできたのだ。上役が遅くまでオフィスにいると、部下が帰ることができないとまで言われていた。

しかし、いまやそのような時代ではない。上司は部下より早く出社し、密度濃く、しかも遅くまでやる、といったことも時には重要となる。それでこそ部下がついてきて、大きな力を発揮することにもつながるのである。

❺ トップの進化の「先を読む力」をつける

「マネジャーの心得」として最後に、上司の考えの「先を読む」努力をすることをすすめたい。

トップの考えは変わるものだ。より広範囲に市場を見て、より高い視点から経営を考えていれば、当然スピーディーな方針の変更も起こり得る。むしろ、その変化こそ重要な場合も多い。

また、指示を出した後で、異なったアイデアが生まれてくることもあれば、部下の検討結果の報告を聞きながら、さらによいアイデアを思いつくこともある。

だからこそ、トップの心変わりをマネジャーはとがめることはできないし、それを自分のチームが目標達成できない言い訳にすることもできない。また、マネジャーは自分が率いるチームの目標や活動計画を変更することを面倒に思ってもいけないのだ。

トップの心変わりを「朝令暮改」とか「節操がない」と愚痴るより、むしろトップの考えは絶えず進化するものと考えるべきではないだろうか。また、そう考えたほうが、マネジャーとしても気が休まるのではないか。

マネジャーが託された目標を達成するためには、トップからのアイデアや目標の背景をしっかり理解することはもちろん大切だが、それ以上に、いま述べたようなトップの考えが進化する先を読むことも大切となる。なぜなら「先を読む力」を身につけることは、先々起こり得ることを事前に想定し、ムダな作業を排し、備えを固めることを可能にするからだ。

マネジャーは、トップの進化の先を読むことを楽しみつつ、その進化に応えようとする心がけを常に持つべきである。

これまで議論を行ってきたような「マネジャーの心得」を持つ優れたマネジャーがチームを率いることは、現場におけるチームの「完遂力」を構築していく大前提となるのだ。

完遂のためのステップ

実際に業務を完遂していくためには、マネジャーはそれを明確なプロセスとして行ってい

図3-3　完遂のための5つのステップ

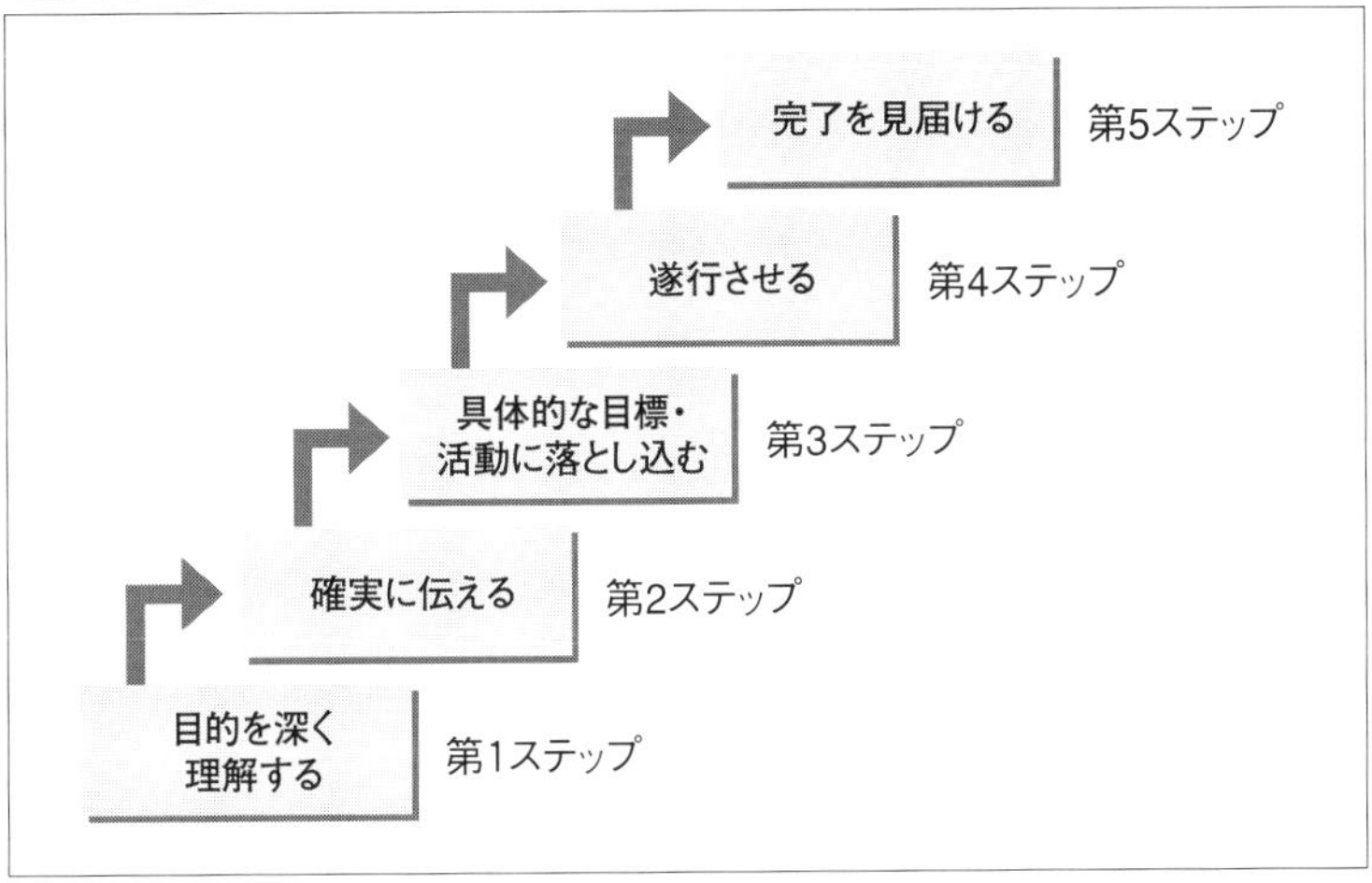

かなければならない。そのプロセスはまさに、戦略を具体的なオペレーションへと落とし込み、実際にメンバーを動かしていく手順である。

マネジャーが業務を完遂するプロセスには、およそ次の五つのステップがある。

1. 目的を深く理解する
2. 確実に伝える
3. 具体的な目標・活動に落とし込む
4. 遂行させる
5. 完了を見届ける

このステップも、前節の「マネジャーの心得」同様、一見きわめて日常的で、ごく当たり前の業務のように見える。しかし、これらの五つのステップを確実に遂行し、スピード感を持ってまわしていくことは意外に難しい。「遂行能力」の第一段階である「完遂する組織」をつくるためには、マネジャーが「完遂力」を発揮し、このサイクルが組織の随所でまわっていなければならない（図3－3）。

そこで、右記五つのステップを、順を追って具体的に説明していく。

❶目的を深く理解する

まず、第一のステップは「目的を深く理解する」ことである。

目的を深く理解するステップでは、「何を行うのか」よりも、「なぜそれを行うのか」「どのような結果を出せば目的を達成したことになるのか」をしっかり理解することが重要となる。その理解にもとづき、正しい意思決定を行うことがそもそもの出発点となる。「なぜそれを行うのか」があいまいなままだと、途中で何のためにいまの作業を行っているのかがわからなくなってしまうからだ。

背景を理解し、必要に応じて経営陣にも自分の意見をぶつけ、全社戦略との整合性を確認しつつ、何が本当の目的なのかを正しく理解することが完遂するための第一歩となる。その際、先ほど述べた「ワンランク上」の立場で考える習慣は、その理解をより確実なものにするはずだ。

また、予想されるマイナス影響をリストアップし、対応策を考えておくことも、後のステップをよりスムーズなものにする。

❷ 確実に伝える

第二のステップ「確実に伝える」は、先ほどの「自らの言葉で伝え抜く」を実践することに他ならない。

マネジャーは、明快に自らの言葉で、直接的に自らの考えとして伝えることが大切だ。上からの指示を鵜呑みにして、そのまま吐き出すような伝え方をしていては、メンバーはついて来ない。また、メンバーの意見を聞き、共有し、納得させることがメンバーを確実に動かすことにもつながり、使命感を持って物事に当たらせることにつながるのである。

たとえば業務プロセスを変えるプロジェクトを行う場合、その背景や、プロジェクト開始の決定に至ったプロセスも、しっかり説明し、伝えなければならない。これをするとしないとでは、その後のプロジェクトの進展に雲泥の差をもたらすことになる。なぜなら、メンバーにとっては、これまでのやり方を変更するということは、それが定着するまでは、余計な苦労を強いられることになるからだ。

ちなみに、突然「会社の決定です」と伝えられるのと「会社の収益状況が厳しく、いまこれを行わなければ、長期的な雇用の確保が難しくなる。これまで、数カ月にわたり、現場でのヒアリングも行い、部課長も含めた議論で決まったことだから、協力をお願いしたい」と説明し、徹底的に質疑応答をするのとでは、その後のチームのコミットメントが大きく異なってくることになるのは容易に想像がつくであろう。図3-4は、背景をきっちり説明することにより、自発的な協力をメンバーから引き出せる状況を説明している。

実は、確実に伝えられたかどうかは、その後の結果を大きく左右することになるのである。

❸ 具体的な目標・活動に落とし込む

具体的な目標・活動に落とし込むステップは、達成すべき目的をチームの誰がいつまでに何をどうやるかといった項目にかみ砕き、具体的なワークプランへと翻訳する作業である。そのためには、自らのチームの強み・弱みを知っていることが必要だ。

この時、簡単に達成できない目標を設定し、少しの無理を各自の創意工夫で克服させていくことがチームの力をつけることへとつながる。さらには、やり遂げることをメンバーが楽しみにするところまでもっていければ理想的だ。

ただし、やり遂げるという職責を負っているマネジャーとしては、最悪のケースを想定して、自己責任のもと、対応策（コンティンジェンシープラン）を準備しておくことも重要となる。最後は自分がひと肌脱ぐといった気概は常に持っておくべきだ。

図3-4　背景説明により自発性を引き出す

	分配的公正	手続き的公正
	コンフリクトや分配に対する心理的な反応。給与や評価、昇進・昇格などがその対象となる。	結果や成果に至るまでのプロセスに関わる規範や基準に対する反応。意思決定への参画、発言の機会、クレームへの対応などがその対象となる。
マネジメントツール	**伝統的なツール** ・経営資源の配分 ・金銭的インセンティブ ・組織構造	**フェア・プロセス** ・エンゲージメント ・説明 ・明確な期待
姿勢	**結果の満足度** 「私の成果についてしかるべき評価が得られた」	**信頼とコミットメント** 「私の意見が考慮された」
行動	**規則的な協力** 「私は指示されたことはやる」	**自発的な協力** 「私は義務以上のことをやる」
業績	**期待に応える**	**期待を超える** ・自発的

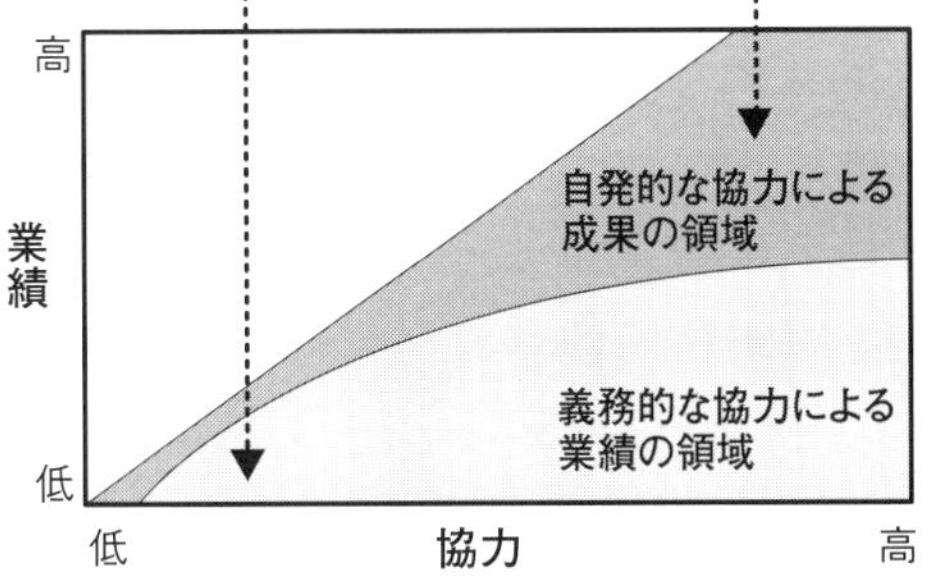

出所：W・チャン・キム、レネ・モボルニュ（編集部訳）「フェア・プロセス：信頼を積み上げるマネジメント」『DIAMONDハーバード・ビジネス・レビュー』2003年4月号、pp.104−117より引用

❹ 遂行させる

いよいよ「遂行させる」段階においては、コーチングに主眼をおくべきである。決してメンバーに仕事を丸投げせず、絶えずチームメンバーの間を歩きまわり、会話をし、メンバーがどんな状況に置かれているかを常に把握する必要がある。

メンバーと触れ合うことは、人を育てるうえでの絶好のＯＪＴの場でもある。いつもワンランク下の立場で、手足を動かすこと、密なコミュニケーションを行うことが、物事を遂行し、人を育てるうえで、大きな意味を持ってくる。

資料を作成するような場合でいえば、自ら腕まくりし、メンバーの作成した資料に、「赤ペン先生」をやる、これこそリーダーの腕の見せ所である。まさに山本五十六の言う「やって見せ　言って聞かせて　させてみて　ほめてやらねば　人は動かじ」の世界である。

また、それと同時に「仕事の質とスピードへのこだわり」も求めていきたい。目標を高く設定し、メンバーにも多少の無理をさせる。そして、それを支援しつつ成功させる。それがチームメンバーの自信にもつながっていく。一流の仕事の質を求め、一流の仕事を達成することの爽快感を味わうことが、メンバーの資質を高めていくことになるのだ。

不思議と、「早い仕事」と「質の高い仕事」の間には正の相関が見られるものである。だらだらとした仕事の進め方より、集中して一気に取り組むやり方のほうが、枝葉末節に振り回されず物事の本質をついている場合が多いものである。

そういった意味でスピードを求めることは「仕事の質」を高めるうえでも非常に重要だ。

もちろん、メンバーにスピードを求める以上、リーダー自身もそれを実行できなければメンバーにスピードを求めることはできない。

❺ 完了を見届ける

「完了を見届ける」ステップは、たとえて言えば「描いた龍に眼を入れる」ステップであり、これがきちんと行われてはじめて一つの業務が完了する。

完了の報告が行われてはじめて完了となることをマネジャー自ら自覚し、メンバー一人ひとりに教える必要がある。たとえば、企業が苦境にある時、その苦境を脱するためにと、次から次へと新しいことに注意が向いてしまい、焦点が絞れずかえって苦しい状況に陥ってしまうようなケースが見受けられる。同じ過ちをマネジャーもよく犯しているのである。

完了したことを見届けずに、別のことへと進んでいくと、すべてが中途半端になってしまうし、組織内でそれをよしとする文化も生まれてしまう。これでは完遂する組織をつくり上げることは不可能だ。一つひとつケジメをきっちりつけていかなければならない。

また、この完了を見届けるということは、メンバーに対してフィードバックをする、また感謝の意を表す絶好の場であることを忘れてはいけない。マネジャーとしては、メンバーと

図3-5 チーム力に“勢い”をつける

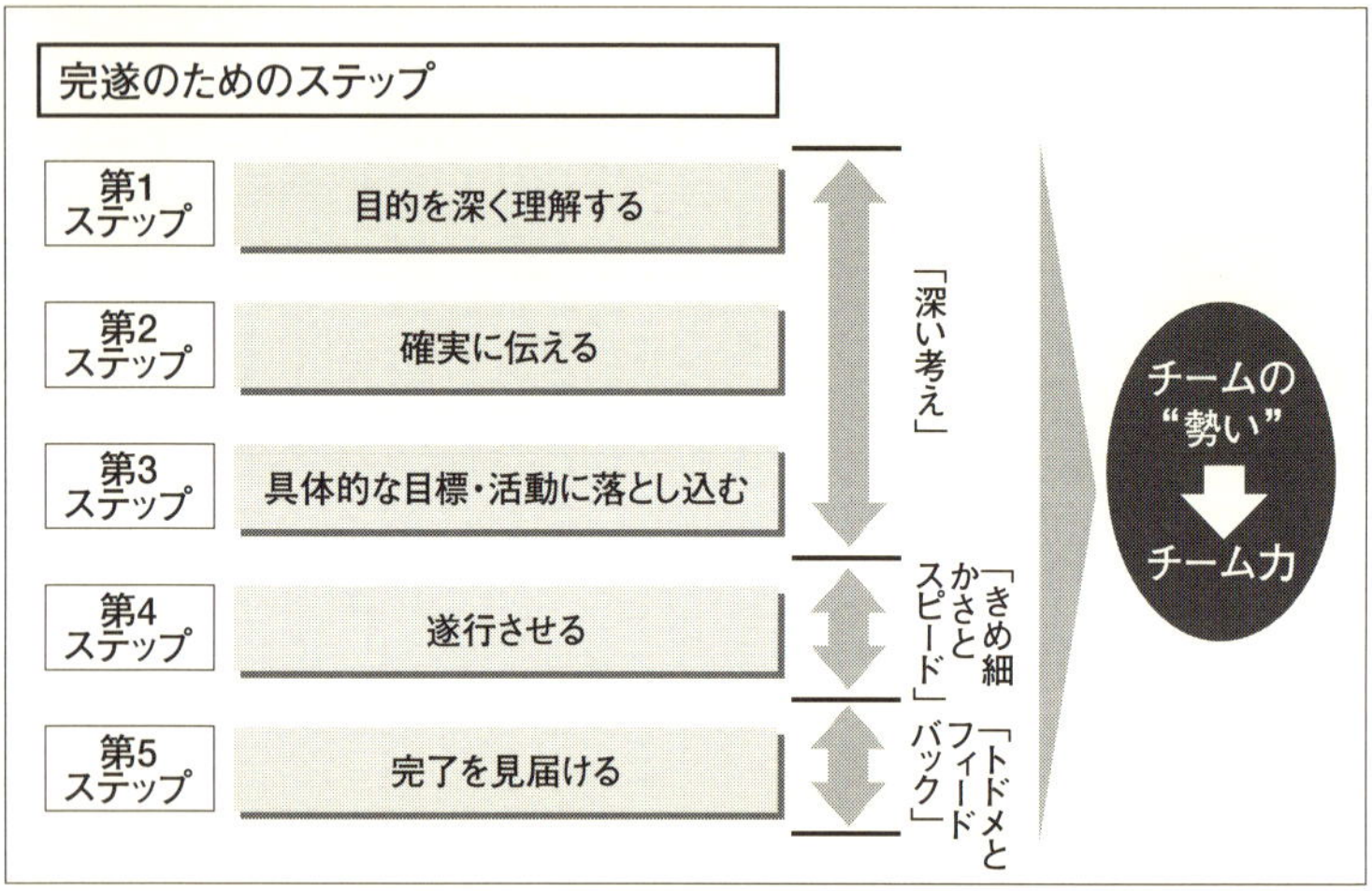

ともに完了を喜びあい、メンバーの努力に感謝したい。そして望ましくは、メンバーからこのマネジャーの下で仕事ができてよかったと思われるくらいになりたいものである。

ここまで、完遂のためのステップを、順を追って説明してきた。

この五つのステップを遂行していくうえで、とりわけ大切なことは、

① ステップ1「目的を深く理解する」からステップ3「具体的な目標・活動に落とし込む」までの考えの深さ

② ステップ4「遂行させる」の活動のきめ細かさとスピード

③ ステップ5「完了を見届ける」の完了

確認によるトドメとフィードバック

の三つである。これはまさに、チームの活動に、「孫子」の言うところの「勢い」をつけることと同じではないだろうか。十分深く考えた後、チーム全員が立ち止まって考える暇もなく、一気呵成に行動を起こし、その日の結果を出させ、それを積み上げチーム力を高めていくことが、完遂への鍵になるのである（図3-5）。

完遂のために必要な心得をしっかり理解し、この五つのステップを着実に実践していける「完遂力」を持ったマネジャーがチームを率いてこそ、現場におけるやり遂げる力が発揮されるのだ。

このようなチームが組織内に多く存在することによって、結果として組織の「遂行能力」そのものが高まり、「組織力」の構成要素の一つである「遂行能力」の第一段階「完遂する組織」が達成される。

2 減衰から増幅へ：期待を超える組織

増幅を起こすという考え方

これまで、組織力を低下させる「減衰作用」を分析し、それを防ぐ手段について述べてきた。「減衰」を食い止める鍵はマネジャーにあり、マネジャーの力量次第で、組織力の減衰作用は大きくも小さくもなることは、これまででわかっていただけたはずだ。

しかし、いくらか逆説的な表現になるが、組織の中に潜む「減衰作用」を防ぐ努力をいくらしても、組織である以上、それをまったくゼロにすることは不可能だというのもまた事実である。言われたことを一〇〇％確実に実行できる人間はやはりいないし、人が集まっている限り、「組織」にはどうしても歪みが生まれてしまう。

また、いまの社会で、命がけで命令を遂行することを社員に期待することは、あまり現実的なことではない。それより、むしろ発想を変えて、減衰作用を抑える努力だけではなく、持っている力を増幅させることにも意識を向けたほうが、さらに大きな効果が期待できるという側面もある。

すなわち、人が介在する以上、「減衰」を完全に防ぐことはできないが、「減衰」以上の「増幅」を起こせば、結果的に期待を超える力を発揮することができるはずである。いいかえれば、「やらされる組織」から「成果を請け負い、自ら目標を設定し、さらにそれを超えていく組織」を目指せばよいということになる。これこそが、「完遂する組織」から「期待を超える組織」へのさらなるステップなのだ。

そして、マネジャーのリーダーシップのあり方は、「完遂力」を発揮するところから「人を育て期待を超えさせる力」を発揮させるリーダーシップへと、一段階上へのステップアップが求められることになる。

筆者は、シンプルではあるが非常に有効であると思われる、以下のようなモデルを用いて、増幅現象を起こす「期待を超える組織づくり」を進めるべきだと考えている。それは、社員を個々人の持つ能力によって大きく三つに分類したものだ。

1.　やり遂げる力が不十分なレベルをＰ（Poor：プアー）のゾーン

2. やり遂げる力が十分なレベルをＡ（Achieve：アチーブ）のゾーン
3. そこから先の期待を超える結果を出すことのできるレベルＯＡ（Over Achieve：オーバーアチーブ）のゾーン

通常の組織では、経験的に、この三分類に従う分布はＯＡ（Over Achieve：オーバーアチーブ）が二〇％、Ａ（Achieve：アチーブ）が六〇％、Ｐ（Poor：プアー）が二〇％であると考えるとわかりやすい。

オーバーアチーブする人材を育てる

少しわかりにくいので、例を挙げて説明しよう。

いまマネジャーが、部下に次のステップで企画書を作成させるケースを考えてみる。

まず、マネジャーは、メンバーにポイントとなる目的や背景、期限や達成すべき事項などを説明する。次に、部下が作成してきた企画書にフィードバックを行い、修正すべきところを修正させ、企画書の完成度を高める。最後に、部下に提案書としての体裁を整えさせ、完成させる。

この時、何度書き直させても企画書が満足するレベルまで到達しない人がいる一方、指示に従って、なんとか仕上げる人もいる。またマネジャーの指示よりも、よいものを早く仕上げて、持ってくる人もいる。

一番目の「どうしても書けない人」は「Pゾーン」、二番目の「なんとか仕上げる人」は「Aゾーン」、そして三番目の「指示よりもよいもの持ってくる人」は「OAゾーン」に該当する人である。

この差は想像以上に大きい。これがチーム全体のアウトプットとなれば、なおさら大きな差となってくる。「OAゾーンのチーム」と「Pゾーンのチーム」ではアウトプットの質がまったく異なってくる。

実際に企業の業績に大きなインパクトを与えたOAゾーンの人たちの事例として、杉本八郎氏の率いたチームを紹介したい。

エーザイの開発した新薬、アルツハイマー型痴呆症治療薬「アリセプト」は二〇〇三年度の売上高が一四〇〇億円と、同社の売上高の三割を占めるまでの「お化け商品」へと育っている。

杉本氏は、常に各研究員が自由闊達に議論できる雰囲気をつくり出すようにしていた。そのような研究室の風土のもと、土屋裕研究員が化合物の合成を行っていたが、土屋氏は他の業務にも追われ作業がなかなか進まなかった。

チームのこの状況を打開するために自発的にアクションを起こしたのが当時新人の飯村洋一研究員であった。彼は土屋氏の研究を引き継ぎ、お蔵入りになっていた化合物を再度点検し、チームとともに最終的に「アリセプト」の合成にたどりついたのである。

チームの置かれている状況に対して地道な作業を自ら開始した飯村研究員は「OAゾーン」に属する人と言えるであろう。そして、その土台を提供し熱意を持ってチームをリード、チームワークを発揮させることのできた杉本氏も「OAゾーン」に属し「OAゾーン」のチームをつくり上げたリーダーである。

実は「OAゾーン」の人たちは、オーバーアチーブすることを楽しみにしている。指示よりよい提案をする楽しみ、より早く仕事を仕上げる楽しみ、上司の先を読む楽しみ、貢献しているという喜び、認められるという喜び——こういう楽しみ・喜びを理解しているので「OAゾーンの人」は総じてモチベーションも高いものだ。

OAゾーンの人からは、新たなものが生まれてくることも期待できる。これらOAゾーンの人たちが相互に結びつくことによって、組織の中で相乗効果が発揮されたりするからだ。

マネジャーは自分のチームのメンバーがこういう楽しみを持てるように、またそのための能力を獲得できるように、リーダーシップを発揮していかなければならない。そのためにもまずは、メンバー一人ひとりをマネジャーが十分理解する必要がある。

図3-6　オーバーアチーブする人材を増殖させる

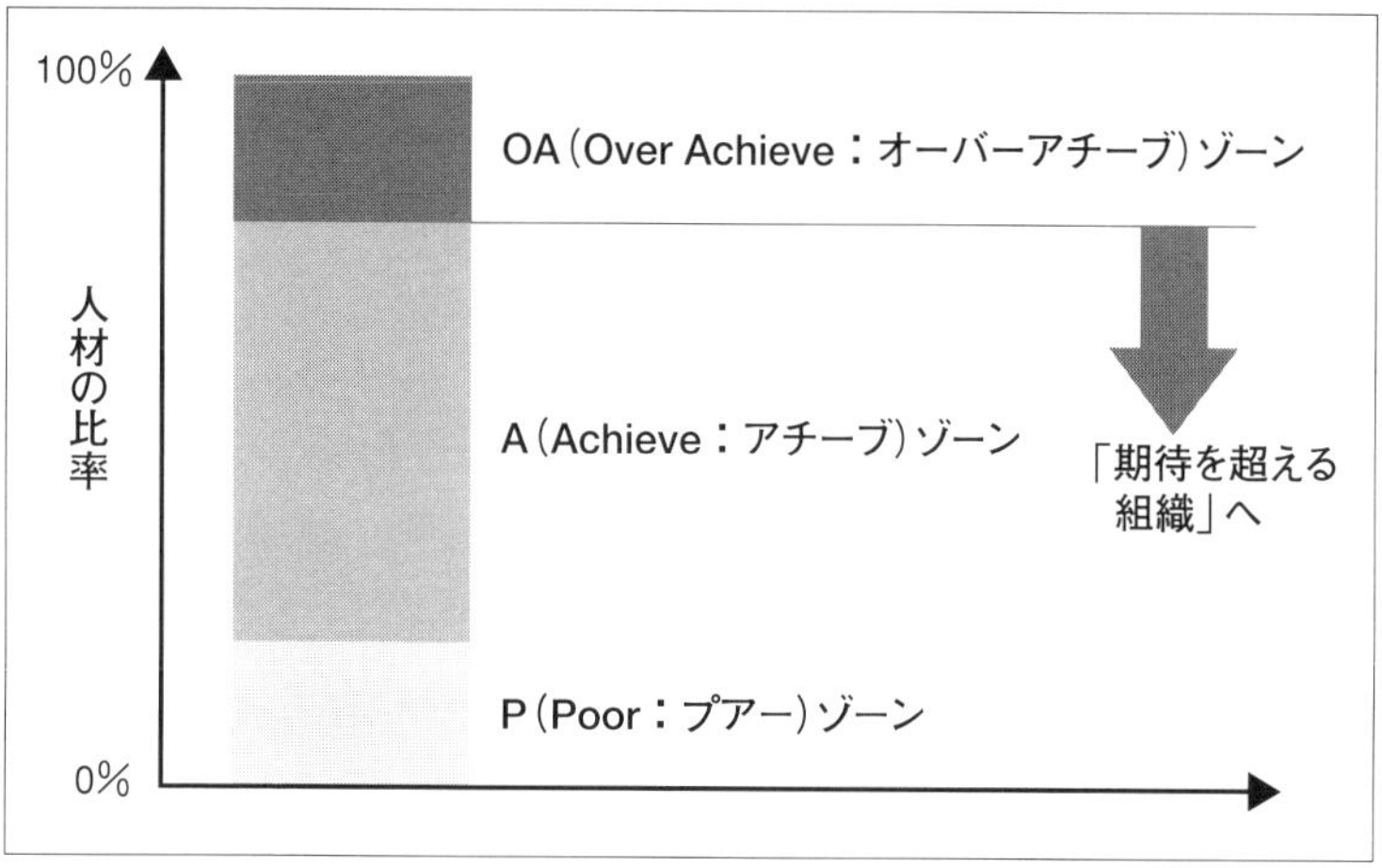

- メンバーは何をしている時が楽しいと感じているか
- いま何で困っているか
- どんな助けを必要としているか
- 将来どのようなキャリアプランを持っているか

日常的なコミュニケーションの中で、常にこのような問題意識を持ち、メンバーを理解し、成長のための手助けを行うことが、ＯＡゾーンのメンバーを育てていくことには必要となる。

チームの力の減衰を抑え、組織の力が増幅する方向に向かうためには、どれだけ多くのＯＡゾーンのメンバーとマネジャーを抱え、彼らが活躍する場を提供できるかどうかにかかっている。ＯＡゾーンの人が増えていくことが、「組織力を高める増幅現象」を促進することにつながっていくのだ。

組織内のOAゾーンの人の比率が、二〇%から三〇%、三〇%から四〇%へと上がっていけば、組織のオーバーアチーブする力の向上は目を見張るものとなるはずである。その結果、期待を超える組織ができ上がっていくのである（図3-6）。

メンバーを鍛える

これまで、「遂行能力」の観点から、マネジャーとしてどのようなスキルを身に付け、どのようなステップで完遂する組織をつくるかについての議論を行ってきた。そして、期待を超える組織の核となるOAゾーンのメンバーを育てるためには、まず、メンバーを徹底的に理解することが重要であるということについて触れてきた。

次にここでは、OAゾーンに属するメンバーが持っているべき基本的な能力について考えてみたい。なぜなら、OAゾーンに属するメンバーは業務遂行のための情報や知識を多く持っているというよりも、基本的な能力、すなわち「考える力」「伝える力」「影響を及ぼす力」などが優れている場合が多いからだ。メンバーについての十分な理解を持ったうえで、その理解に合わせてこれらの基本的な能力を伸ばしてやることが、期待を超える組織づくりの早道だったりもする。

図3-7　OAゾーンのメンバーの基本的能力

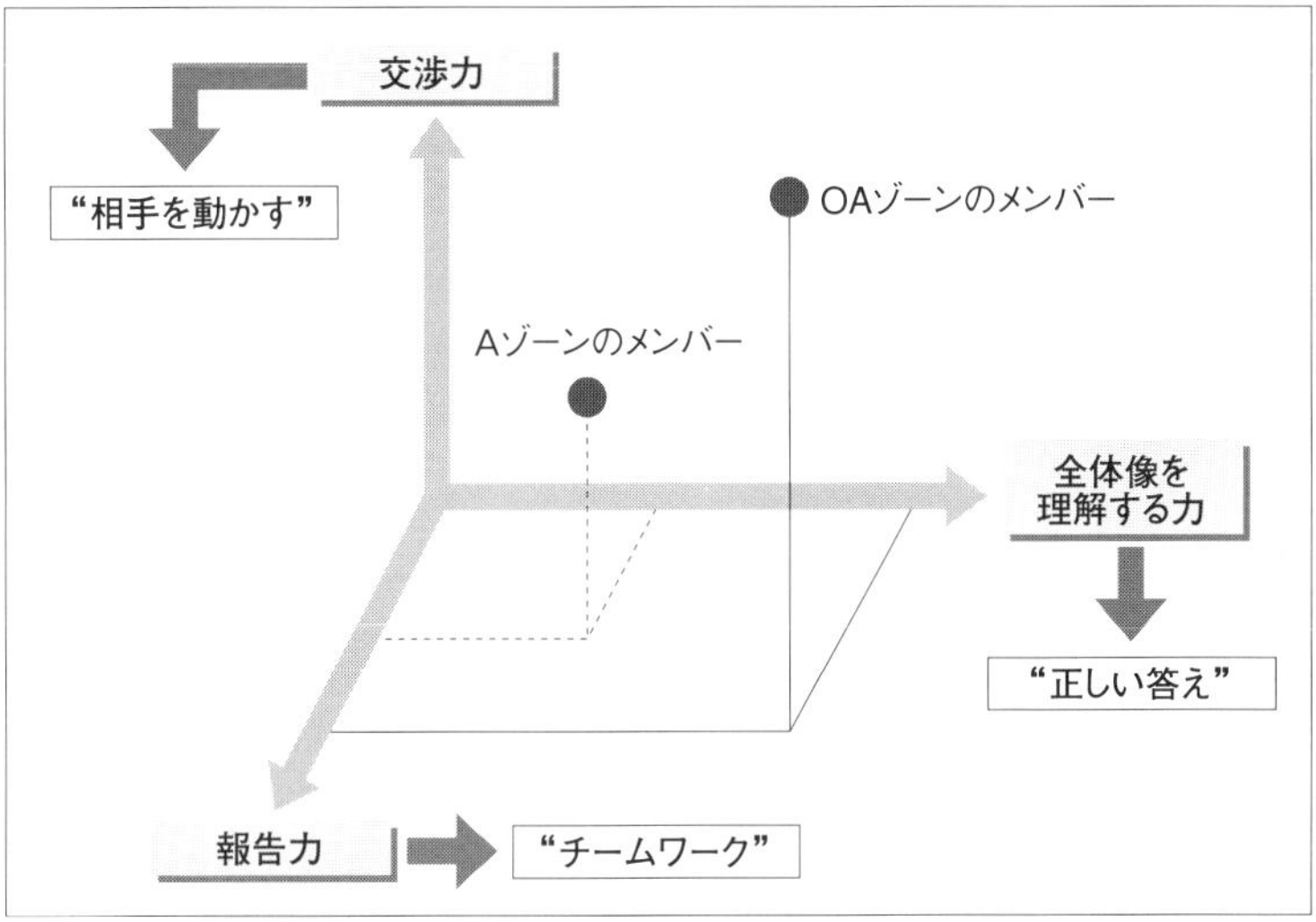

OAゾーンに属するメンバーを育てるために、メンバーには次の三つの力をまず習得してもらう必要がある（図3−7）。

①全体像を理解する力をつける
②報告力をつける
③交渉力をつける

これら三つのポイントは、メンバーのみならず、チームメンバーからマネジャー、マネジャーから経営陣になっていくにつれて、重要性が増してくる基本的な能力でもあることは言うまでもない。

できるだけ早い時点で、メンバーが基本的な能力を高められるような支援をマネジャーは心がけるべきだ。そのためには、いま挙げた三つのポイントをきちんと認識しておかなければならないので、以下少しそれらについて説明する。

❶ 全体像を理解する力をつける

一つ目は「全体像を理解する力をつける」ことである。

全体像を理解することは、物事の本質を正しく把握するうえで必要不可欠なことだ。全体像を理解するためには、常に高い視点からのビッグ・ピクチャー（大きな俯瞰図）を持つことが重要になる。

そして、それは「ヌケモレがなく重なりのない」ビッグ・ピクチャーであるべきだ。すなわち、各要素がお互いに漏れなく、重複がない状態で全体像を構成している状態でなければならない。ちなみに英語では「ヌケモレがなく重なりのない」状態をＭＥＣＥ（Mutually Exclusive Collectively Exhaustive＝「ミッシー」と発音する）と表現している。

全体像を理解していない偏った見方では、物事の本質は見えてこない。しっかり全体像を整理できていなければ、上司からの指示の本当の狙いを誤解することにもなりかねないし、作業の重複や漏れなどの非効率が生じる原因になったりもする。

たとえば、なんらかの経営管理システムの開発を行う場合、「システム開発者だけの視点」だけではなく、「日々の運用者の視点」「利用者である経営者の視点」も含めた三つの視点でも考えるといったようなことが、「ヌケモレがなく重なりのない」全体像を持つということにあたる。この三つの視点を持たずして、「システム開発者だけの視点」で経営管理システムを構築した場合、よくありがちな結果として、日々の運用者にとって使いにくく、経営者にとって必要な情報が出てこない非常に使い勝手の悪いシステムになってしまうことは容易に想像がつくであろう。

実は、経営学では「ヌケモレがなく重なりのない」全体像として、これまでさまざまなフレームワークが開発されてきた。事業分析する際の３C（Company, Customer, Competitor）、マーケティングの４P（Price, Product, Promotion, Place）、業界分析を行う際のマイケル・ポーターのファイブ・フォーシィーズ（５つの力）などもそうである。

経営学の歴史は、そのような戦略立案や問題解決に対して有効なフレームワークを生み出してきた歴史だと表現することもできる。そのようなフレームワークを学び、自分なりに活用し、常に訓練していくことは、全体像を理解する力を向上させるうえでも、非常に有益なはずだ。

また、「全体像を理解する力をつける」うえで、メモをとることは非常に有効な手段となる。メモの効用については心理学者も実証しているが、人の話を聞く時、メモをとりながら注意深く聞くのと、ただ話を聞くのとでは、記憶に残る量もさることながら、理解の深さがまったく違ってくるようだ。

議論のメモを、後でよく読み返し、自分なりに咀嚼し整理してみる。そこには聞き流してしまいがちなポイントが書き留められていたりする。それらを眺めつつ、組み直し、適切なフレームワークをもとに、何が課題かを考える。そうすれば、そこから問題解決のヒントが見えてきたりする。また、重要な指示・助言の言葉ですら、メモをとらなければ、数日たったら忘れてしまうことも多い。

議事録の作成なども格好の「メモとり」の練習場だ。整理して書こうとすればするほど、いかに自分が理解していないかに気づくものだ。

常に、ビッグ・ピクチャー（大きな俯瞰図）を頭に描き、メモをとりつつ深く考える、このような作業を繰り返し行っていくことが「全体像を理解する力をつける」ことにつながるのである。

❷ 報告力を鍛える

二番目のポイントは「報告力をつける」ことである。

「報告力をつける」ためには、まず「何を伝えるべきか」あるいは「相手は何を知りたがっているのか」といったことを相手の立場に立って十分に考え、鍵となるメッセージを伝えるということが基本となる。図3-8を見てもらいたい。

図3-8 鍵となるメッセージを明確に伝えることが重要

悪い例	良い例
上司「例の案件のフォローはどうなっている?」	部下「例の案件ですが、あれは間違いなくうちで決まると思います。」
部下「昨日先方に会って話をしました。」	上司「何か問題はあるかね?」
上司「それで、状況はどうなっているの?」	部下「実は、競合が横やりを入れてきたのですが、相手が追随できない価格で再見積もりを提出しておきましたので問題はありません。」
部下「実は、競合が入り込んで来たのですが…」	
上司「なぜ早く報告しないんだ?」	
部下「とりあえず、価格を下げて再見積もりを出しておきましたので99%間違いなく、うちで決まります」	
大丈夫か? このまま任せておいて…	うん、大丈夫だな。 安心して任せておこう…

よく読むと、同じ内容を言っているにもかかわらず、上司の受け取り方はまったく異なっている。その結果、その後の自分がとれる対策の幅も大きく変わってくることになる。結局上司が知りたがっているのは、案件が無事とれるかどうかに対する答え、ＹｅｓかＮｏのメッセージなのである。

また、「報告力を鍛える」ための一つのコツとして、「ポイントを三つ報告するとしたら」と常日頃考える習慣をつけることも有効な方法だ。聞く側も三つくらいのポイントであれば、すんなりと頭の中に入ってくる。

その三つのポイントがきっちりヌケモレなく重なりのないものであれば、なおさらそのインパクトは強くなる。

たとえば、出張報告などは、出張する前から「今回の出張で、結果として何を持ち帰り、ポイントを三つ報告するとしたらそれは何か」ということを事前に考えておくことは、出張をより充実したものにするはずだ。

そして、スピードにこだわり、電子メールなどを活用し、リアルタイムでコミュニケーションをとる。また、上司に対し、先手、先手を打っていくこと、すなわち上司から要求される前に自分から報連相《ホウレンソウ》（報告・連絡・相談）をしっかり行っていくことも心がけるべきである。それにより、上司の懸念を払拭し、物事のイニシアティブをとっていくことができるようになる。

たとえばインテルの西岡元社長は、次のようなコメントを通じ、電子メールの有効性やスピードの重要性を強調している。

「日本の会社で海外出張すると、帰国後一週間以内に出張報告を出すことになっている。二週間出張して帰国するでしょ。出社して、たまっていた仕事の合間に報告書を書いて出していたら、三週間経っている。報告書を課長が見て、部長を通して、本部長が読んで、なにっ！ となった時には、現地で議論をしてから一カ月近く経っています。しかし、それではもう取り返しつきません。海外の会社で、どうしてもそのスピードに合わせて提携交渉などを行う時には、社長や事業部長をいれて、五～六人でバチっと議論する必要があります。それには、電子メールが最適の手段ですよ」。

図3-9　プレゼンテーションの重要性

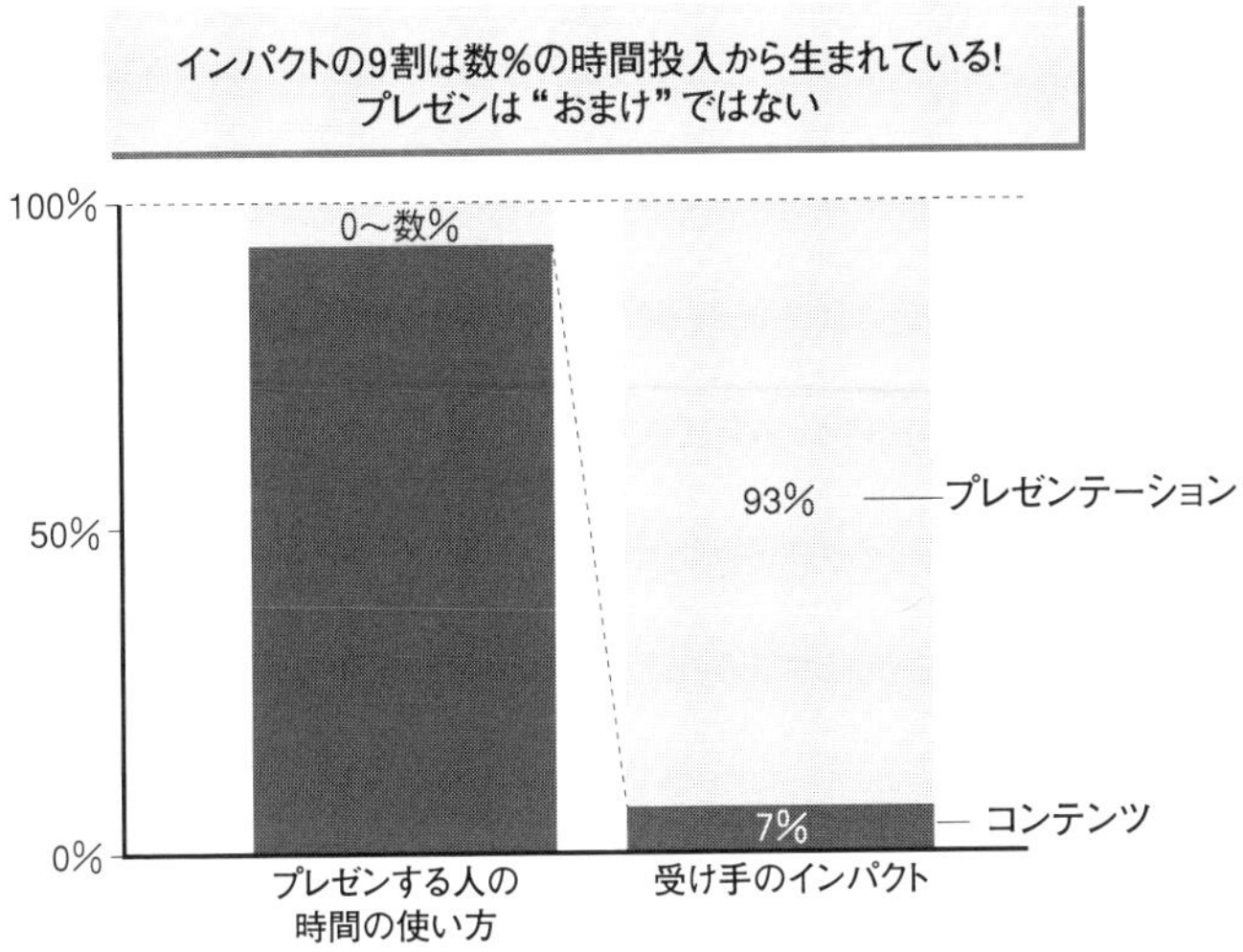

出所：植草徹也「BCG流問題解決の技法」『Think!』No.6, SUM. 2003年, pp.153-156より修正引用

また、もしプレゼンテーションを行う機会が与えられたら、徹底的にこだわってみてほしい。中身はもちろん大事だが、メッセージを伝える際に、聞き手に大きくインパクトを与えるのはプレゼンテーションのやり方そのものである（図3-9）。事前に入念な練習を行い（できれば実際に同僚や家族といった人前でプレゼンテーションしてみる）、勝負の分かれ目となる最初の九〇秒に自らの熱意・心意気を入れ、いつも一流のプレゼンテーションを目指したい。

メンバーがマネジャーへ、あるいはトップマネジメントへと登りつめていけば、大勢の前でビジョンや方針、戦略を語る機会が増えてくる。そして、そのプレゼンテーションの得手不得手が、組織内外に大きなインパクトをもたらすことになるのである。その重要性は容易に理解できるであろう。

❸ 交渉力を磨く

三つ目のポイントは「交渉力をつける」ことだ。

交渉の基本的な目的は、相手とよい関係を築き、それを長く続けることだ。交渉とはそのための話し合いである。話し合いを円滑に進め、しかも希望するところで合意を得るためには、いろいろな戦術が必要になる。

以下に述べる四項目は、経験にもとづく「交渉力を磨く」ヒントである。

1. 無策の策をもって最上の策となす

「交渉力を磨く」といっても、策を弄してはならない。こちらに策ありとみたら、相手はその上の策を打ってくるものだ。

ただし、あらゆるシナリオを想定し、徹底的に策を考え抜くことは必要だ。それをしたうえでの無策の策でなければならない。もし、理屈と理屈の戦いに終始すれば、キツネと狸の化かし合いになってしまう。

一本しっかりとした筋を通し、正直に誠心誠意を貫くことが、交渉の基本姿勢である。

2.　交渉をリードする

議事録などは、先につくって相手先に送る。覚書・契約書のたたき台も先につくり、そこをベースに交渉する。相手の土俵で戦うのではなく、できるだけ自分の土俵の上で戦えるよう心がけるべきである。

とくにさまざまな要素が絡み合う複雑な場面では、まず自分の戦いやすい土俵を先につくってしまうことが交渉を成功に導く必須条件である。

「交渉をリードする」という意識を常に持つべきである。

3.　一勝一敗一引き分けが基本

交渉において一〇〇％すべてが自分の思いどおりになることはまず難しい。また、お互いにとってＷｉｎ・Ｗｉｎの状況を見い出すこと、すなわち、交渉の過程で当初想定していなかったようなすばらしい解決策が生み出されることもそう頻繁ではないだろう。

交渉にはお互いの歩み寄りが重要となる。当方にとって最も重要なところを確保し、相手の立場に立って考え、相手が死守したいと思っているところは譲るといった態度は持っておくべきである。

4. 最後は相手に自分が勝ったと思わせる

最後は、相手に自分が勝ったと思わせる、これが交渉の極意である。最後の最後まで妥協せず、相手を追いつめるようなことをしてはならない。

ビジネスの世界は、どこで何がどうつながっているのか読めない世界でもある。何事につけ一回限りの関係であるとは思わないほうがよい。誠意のない対応はいずれ、まわりまわって自分に跳ね返ってくるものである。

それ故、最後の一矢は見せても放たない、それによって相手との信頼関係を築いていく、これが、後々何倍にもなって自分に返ってくることになるのだ。

これまで説明してきた「全体像を理解する力」「報告力」「交渉力」といったような理解力・対人能力は、実際の経験や訓練を通して身につけていくものである。そういった意味で、マネジャーはできるだけ早い時点から、メンバーがこれらの基本的な能力を高めるための取り組みに関われるよう、仕向けてやらなければならない。

人を育てるということ

組織の成長は、人が経験を積み、学習を行い、成長することが土台となる。そして、人が学習・成長することによって、組織も学習・成長していく。

しかし、個人が学習したからといって、組織が学習するとは必ずしも言えないのもまた事実である。個人がいくら成長・学習しても、それぞれが好き勝手にやっていたのでは、組織としてまとまりに欠けるのは容易に想像できるだろう。だからこそ、「学習する組織」という項目が経営学のトピックであり続けているとも言えるのだ。

ただ、個人の学習・成長は、組織の学習・成長の必要条件である。「人を育てる」ことと「完遂する」ことは、鶏と卵のような関係だということはすでに述べたが、「オーバーアチーブする」ということも含め、これらは同時進行でスパイラル状に進んでいくものである。

ここまでは主に、完遂し、オーバーアチーブさせるために必要となるマネジャーやメンバーのスキルとは何かということを中心に議論を進めてきたが、いまも述べたように、「完遂する」ことと「人を育てる」ということは表裏一体のものだ。よってこれ以降は、とくに「人を育てる」ということはどういうことかについて考えていきたい。

人を育てる楽しみ

「人を育てる」うえで、マネジャーが持つべき資質の大前提は「メンバーの成長をともに喜べるかどうか」ということだ。リーダーのタイプは、カリスマ型とか、スペシャリスト型とか、いろいろな切り口でさまざまな分類がなされるが、往々にして見落とされがちなのが、その分類の前段階にある「人間性」についての問題ではないだろうか。

マネジャーが「人を育てる」うえで最も根本的であり重要なことは、「人に対する興味」すなわち「人の成長をともに喜べるかどうか」ということにある。人に対する興味なくして、信頼も指導育成もなかなかできるものではない。たとえば、自分のチームメンバーが成長すると自分も楽になれる、といった打算的な目的だけがマネジャーのインセンティブとなっているような場合は、その浅はかな考えが容易にメンバーから見透かされることになり、メンバーはついてこない。

人に対する興味が強いか弱いかということは、単純な善悪の問題ではない。生まれながら人に対する興味の強弱に個人差があるのは事実だが、人を育て信頼され、一人では成し得ないことをチームで達成していく本当の喜びを体で理解できている人は、それほど多くないのではなかろうか。まず、身をもって「人を育てる喜び」を知ろうとすることが、何より重要である。

マネジャーがメンバーを育てることに熱心であれば、心底メンバーの成長を喜ぶことができるはずだ。よい点を見つけて誉め、ともにその成長や努力を喜びたい。

人を育てる第一歩は、まずその人をよく理解することだ。その際、一人ひとりのメンバーのキャリアプランを知ることが、メンバーを理解することの出発点となる。マネジャーは職制を通じた対話の場で、あるいは日常的なコミュニケーションの中で、常にその人は何を楽しいと感じるのか、何を目指しているのか、どのような助けが必要なのか、といった問題意識を持つ必要がある。

ただ、どうしても自分は他人には興味がなく、人の成長を自分の喜びにできないという人もなかにはいるだろう。そういう人は、キャリアの早い段階で、チームのリーダーではなく、専門職的な道を組織内外で探すべきだ。さもないと、夢を抱き将来に期待して、マネジャーについてこようとする若いメンバーを駄目にしてしまうことになる。

筆者は、四〇代の脂がのったビジネスマンに、自分の仕事のスタイルとか、仕事に対する考え方に何が一番大きな影響を与えたか、という質問をよくする。返って来る答えの多くは「入社直後に配属された部署の上司」というものであった。まさに雛鳥に対する刷り込みのようなことが起こっているのだ。

好むと好まざるとにかかわらず、マネジャーは人のキャリア形成に大きなインパクトを与えることをくれぐれも忘れてはいけない。そういった意味では、新人を配属する場合には、その部署のマネジャーが「人を育てる」ことのできるマネジャーかどうかを見極めることも大切だろう。

フェアか、フェアか、フェアか

次に「人を育てる」うえで大切なことは「フェアであるか」ということだ。

成果主義は、まじめに努力し結果を出しているメンバーの功績や貢献に報いるためのものだ。よって成果主義は、成長を促すための指導や助言、支援を行う場であり、決して減点するためのものではない。それ故、人を評価するうえでは、とことんフェアでなければならない。

いま仮に、オフィスのどこかに評価結果の資料を放置してしまうミスを犯したとしよう。そして皆がその評価結果の資料を見てしまったとする。「フェアである」ということは、それでも、胸を張ってその内容に関して説明できるくらいの考え抜いた評価でなければならないということだ。

もちろんそれには、時間もかかるし、エネルギーを要する仕事ではあるが、それだけ「人を育てる」うえで、また結果として「期待を超える組織」をつくるうえで、「フェアであること」が重要であることを肝に銘じるべきである。評価結果を提出する前に、少なくとも三回は「フェアか、フェアか、フェアか」と自問し、真剣に考えてもらいたい。

「フェアであるか」ということは、評価結果を下す場合のみに当てはまることではない。

「結果に至るプロセスのフェアさ」も非常に重要である。

「確実に伝える」のところでも述べたように、ある仕事をするうえで、その背景や目的を説明すること、あるいはその策定過程へ参加させることなどは、メンバーのコミットメントを引き出すうえで非常に重要である。メンバーが背景や目的を理解したうえで業務を実行する、すなわち一〇〇％力を発揮できる状況をマネジャーがつくったうえで、その結果を評価するのでなければ、評価者としての信頼を得ることは難しく、人の育成は望めない。

もし、厳しい評価を下さなければならない場合は、評価を伝えるプロセスそのものに、とくに「フェア」であるよう心がけることが重要だ。本人が十分納得していないまま、いきなり降格という評価結果を伝えてしまうと、本人のみならず、まわりのメンバーのモチベーションにも悪い影響を与えてしまいかねない。「フェア」なフィードバックと挽回するチャンスを与えることも重要なのである。また、指導・支援をしたうえでのやむを得ない最終的な結論であるという確信を持つことができるのであれば、まわりで見ているメンバーにも納得してもらえるはずだ。

マイナスの評価を下す場合にも、それがマネジャーとしてのフェアで勇敢な決断であれば、組織にとってもメンバーにとっても、むしろプラスに働くかもしれないのだ。

評価結果と評価プロセスにおけるフェアさは、「人を育てる」うえでの必要条件なのである。

「教えない・学ばない罪」と「しっかり叱る」

「マネジャーがフェアであること」と同時に、教えない罪・学ばない罪をメンバーに明確に理解させておくことも重要だ。

どんな職場にも「そんなことは教えてもらっていない」ということを仕事ができない言い訳にする人がいる。もちろん、マネジャーはまずしっかりと教えるべきことは教えなければならないし、それを怠っていたとすれば、それはマネジャーの責任だ。しかし、メンバーのほうにも「自ら学ぼうとしなかった」という怠慢の罪もあることは、しっかりと教えておかなければならないことである。

最近、人を叱ることのできないリーダーが増えているが、「人を叱る」というのも（もちろん程度の問題があるが）「人を育てる」には大切なことだ。「人を叱る」といっても、それは何も大声を出して恫喝しろということではない。きっちり伝えるべきことを真摯に伝えるということだ。

このような真摯なフィードバックが「人を育てる」ことにつながっていく。叱った後の気まずさを心配して、厳しいことを言えないマネジャーは、「これは本人のために言うのだ」という信念が弱いのである。それでは、長い目で見て、その人が育たないことになってしまう。将来、必ずや、本人のためになるという想いが強ければ、あえて叱ることも躊躇しないはずである。

キャリア意識のススメ

「人を育てる」うえで、それを取り巻く環境も大きく変化した。

これまで企業は、大量に新入社員を採用し、体系化されたプログラムで新人教育を行ってきた。終身雇用が前提としてあったため、企業は長期的な視点に立って個人を教育するという先行投資をし、組織を構築してきた。そしてそれは右肩上がりの経済の中でそれなりにうまく機能してきた。

しかし、いまや、企業にそのような教育費用を負担する余裕は少ない。雇用の流動化も進んでいる。せっかく時間とお金をかけてじっくり社員を育てても、転職してしまうという非効率も生じるようになった。その結果、研修内容も業務に直接関連する即効性のあるものに限られる傾向が強まってきている。

このように企業が時間とお金をかけて社員を育てていくという前提が崩れてしまった以上、社員一人ひとりが自ら目標を定め、学ぶ姿勢を持ちつづけない限り、新しいスキルや体系化された知識を身に付けることは難しくなってきている。すなわち、いまほど自分自身で自らのキャリアを考え、自発的に行動を起こしていくことが重要となった時期はこれまでなかったとも言えるのである。

このような背景のもと、若い人たちの間に、着実にキャリア意識が芽生えている。外資系企業で働く人も増え、転職も一般的となった。とりわけ、海外駐在の経験者、外国で勉強してきた人たち、働く女性たちにおいて、向上心・自立意識が強まり、キャリアという言葉もポピュラーになってきた。そしてキャリア・アップを通じて、多くの人が自己実現を目指す傾向が高まってきている。

「自己実現」において大切なことは、組織と自己実現のベクトルが合っているか、ということだ。組織と自己実現のベクトルが合っていなければ、自己実現の努力や成果が組織の目的達成に貢献することもなく、その人は当然評価されない。したがって、社員一人ひとりが組織の方向性を理解し、自らに課せられた役割や目標を達成していきながら、自己実現に向かってキャリアを積んでいくという考え方を持つことが重要となる（図3-10）。

企業側の課題としては、実際に一人ひとりの自己実現をどうサポートしていくかといった課題が、多くの企業にとってまだまだ表面的であるということだ。そもそも「自己実現」というのは、単に資格をとるといったお手軽な方法論や、念ずれば実現するといった精神論のレベルの問題ではないはずだ。

企業によっては、人材育成の主要な部分を外部専門家に丸投げし、ありきたりの研修プロ

図3-10　組織のベクトル・自己実現のベクトル

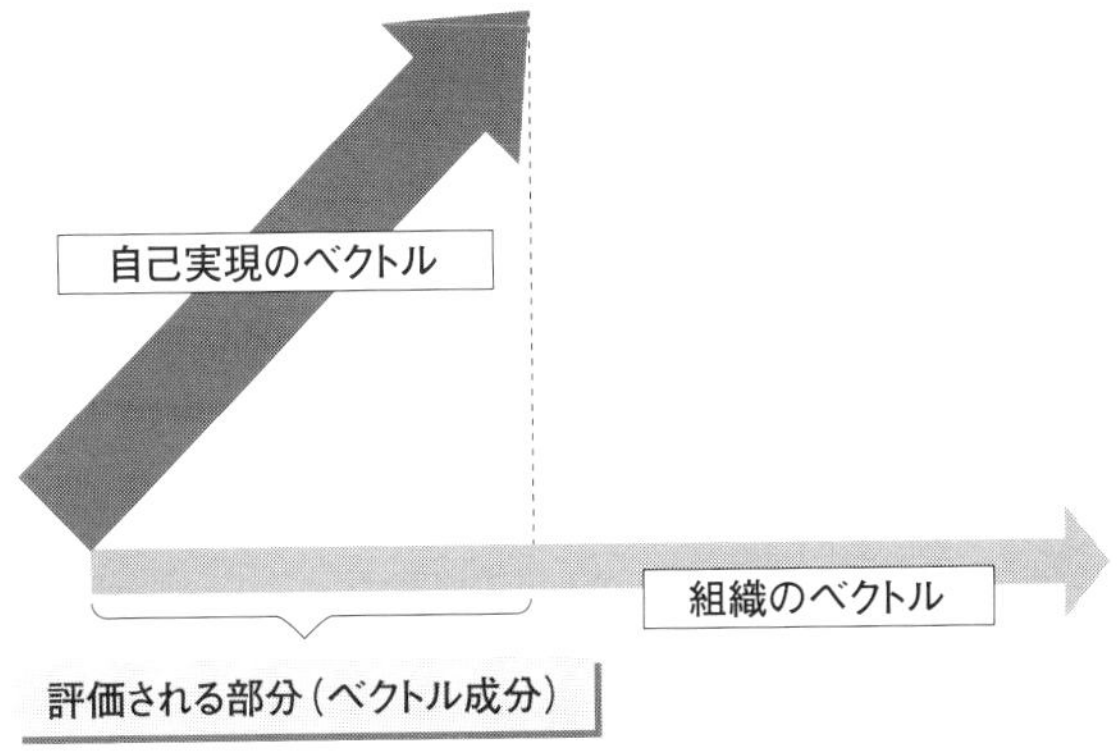

グラムを実行しているケースが見受けられることも多い。そこには、人事の担当者としての強い想いもなかなか見えてこない。

個々の社員のやり遂げる力を高めるためには、ただ自己実現を目指すべきだということを頭で理解するだけはなく、社員一人ひとりがそれに向けて努力し、会社もそれを支援していく姿勢が必要不可欠な時代になったということを再認識する必要がある。

経営を担当する立場で社員のキャリア意識を突き詰めていくと、それは「企業価値の最大化」といったような事業の究極のゴールにも関わってくる。そもそも、生き生きと働き、自らの付加価値や成長に満足している従業員がいなければ、企業も職場も活性化しない。その結果、生産性も上がらなければ、働きがいもなくなってくる。そういう意味において、社員の満足をないがしろにするということは、組織をないがしろにするということでもあり、ひいては顧客の満足、株主の満足もないがしろにするということになってしまう。

企業の視点および個人の視点のどちらから見ても、組織で働くメンバーのキャリアをどう形成していくかについて真剣に考えなければならない。「人を育てる」第一歩は、まずその人をよく理解し、メンバーのキャリアプランを知ることであった。マネジャーをはじめとして、メンバーのキャリアマネジメントを推進し、実現していくことが重要であり、企業としての支援もまさにそこにあるべきであろう。

マネジャー自らロールモデル（手本）となる

そこで、マネジャーがメンバーのキャリアプランをともに考えていくような場合には、次に述べるようなステップをとってもらいたい。それも、必ず紙に書きながら行うことを推奨する。

おそらくほとんどの人が以下のようなステップを、実際に紙に書いて整理した経験は少ないと思う。しかも、それを他の人と共有し、検証していく作業となればなおさらだ。なんとなく恥ずかしかったり、そんなことをするのは時間の無駄で自分のことは自分が一番よくわ

図3-11　キャリアプラン作成のステップ

1. 自分の興味や関心を客観的に整理する
2. 自分の価値観を認識する
3. 将来の自分の姿を描く（10年先）
4. 知識や体験などを1つひとつ丁寧に棚卸し、あるべき姿と現在の自分とのギャップを明確にする
5. シナリオを作成する（複数、1年から数年単位ごと）

かっている、といった心理がそれを邪魔したりするからだろう。

筆者は直属の上司がＭＢＡを持った外国人だったこともあり、何度か上司とともに、以下のようなプロセスを、実際に紙に書きながら実践してみたことがある。実際に紙に書いてみると、あいまいな部分に気づいたり、いま自分が行うべきことが明確になったりと、非常に役に立つプロセスだった。ちなみに、いまもその紙を大事に保管し、適宜見直している。

それは以下の五つのステップからなる（図３－11）。

❶ 自分の興味や関心を客観的に整理する

人は誰しも、ずっとやりたいと思いつづけていること、いつも胸に描いていることが何かしらあるはずだ。それは人それぞれ千差万別で「管理会計を徹底的に習得・活用したい」という人もいれば「多くの人に自分の経験をもとにマーケティングを教えてみたい」「地域コミュニティーになんらかの貢献をしてみたい」と思っている人もいるだろう。

そのような胸に秘めた「夢」を、できるだけ多く書き出し、分類・整理してみることで、自分の興味ある分野がいくつかに絞れてくるはずだ。その分野に関連することは「好きこそ物の上手なれ」で、やはり自分の強みが最も発揮される分野となるはずである。

❷ 自分の価値観を認識する

人生で大切にしたいことや生活信条、人生観・職業観などを明確にすることが、メンバーのキャリアプランを考える場合には大切だ。

これは、ありきたりのことでもいい。たとえば、家族との時間は絶対に大事にするとか、とにかく組織の階段を上りつめ社長になりたい、とかでもいい。巷の自己啓発書には、万人から尊敬される美しい人生を目的として掲げるべきだといった主張も見られるが、筆者は、本人の心の底から発せられる価値観であれば、基本的に何でもよいと思う。あえて、それをまわりから見て「美しい」ものにしようとすると、誰の価値観かわからなくなってしまうものである（もちろん、犯罪に手を染めるような価値観は止めたほうが本人のためなのは言うまでもないことだが）。

❸ 将来の自分の姿を描く（一〇年先）

整理された自分の興味や関心、価値観にもとづき、一〇年先どんな自分になっていたいかを明確にするのも、当たり前だがキャリアプランには大切だ。

これは何も一つでなければならないということはない。自分が描く将来像には、二〜三の選択肢があってもよいと思う。これが未来への出発点となるのだ。

❹ 知識や体験を一つひとつ丁寧に棚卸しする

いつ、どこで、何をやったか、その成果・結果はどうであったか、といったことを一つひとつ書き出し、明確にすることもキャリアプランには役立つ。表彰された経験、いままで受けた研修でとくに自分に大きく影響を与えたものなどを思い出すのもよいだろう。

そして、それを自分の強み・弱みという点で分類・整理してみる。そうすれば、一〇年後の自分のあるべき姿と、現在の自分とのギャップが明確になり、今後自分が何を伸ばし、補っていかなければならないかが明確になるはずである。

❺ シナリオを作成する

最終的には知識や経験、興味や関心、そして価値観をベースに、現在から一〇年後の自分の姿に向かって、一年から数年の単位でどのような階段を上っていくかのシナリオを明確にする。

このようなシナリオがあれば、人生の目標を中長期的に設定できるため、目先のことに一喜一憂することも少なくなる。そして、数年の節目ごとに、それを振り返り、軌道修正を行うベースにすることもできる。

以上五点が、マネジャーがメンバーとともにキャリアプランを考える際のヒントとなるものだが、もちろんメンバーだけでなく、マネジャー自身も自らのキャリアプランを描く必要がある。自分でキャリアプランを描けずして、メンバーのキャリアプランを理解することはできないし、アドバイスも満足にできないはずだ。

まずは、右記の五つのプロセスを自分自身で行ってみることが大切だ。できればマネジャー自身が最も身近なロールモデルとなって、チームを引っ張っていくことが望ましい。若い人のキャリア意識を理解できずして、リーダーシップの発揮は望めない。

図3-12　「遂行能力」と「オーバーアチーブのためのリーダーシップ」

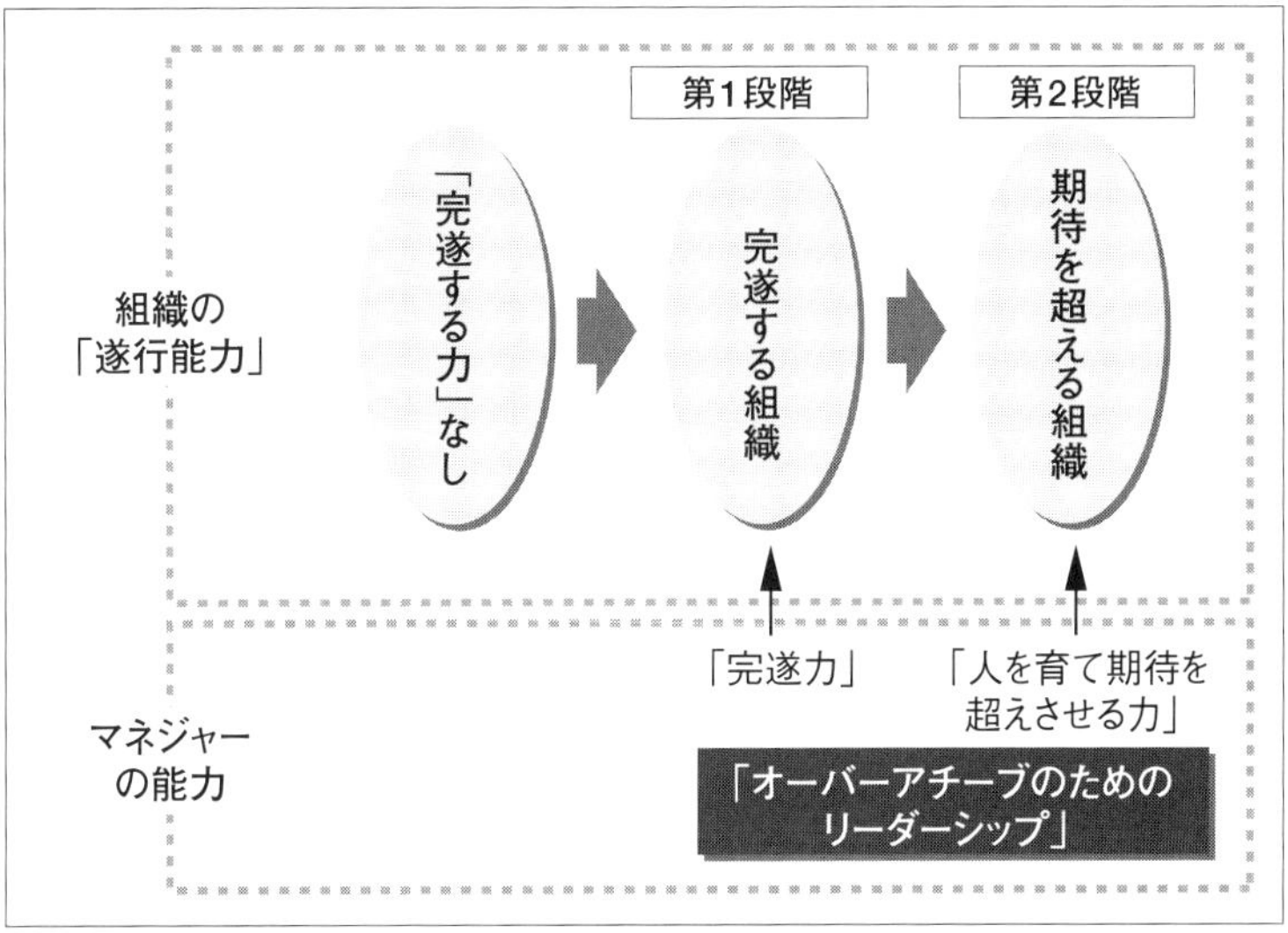

この章では、前章で説明した「組織の減衰作用」に打ち勝ち、「減衰」から「増幅」に至る道筋について議論を行ってきた。そして、そのために必要となるマネジャーのリーダーシップのあり方について述べてきたつもりだ。

まず、ワンランク上・ワンランク下といった「マネジャーの心得」や完遂のための五つのステップを実践し、マネジャー自身が、そしてメンバーが「完遂力」を大きく発揮することによって「完遂する組織」を形づくっていく。

しかし、そこに留まらず、真に組織の「遂行能力」を高めていくために、マネジャーは「人を育て期待を超えさせる力」を身に付け「期待を超える組織」をつくっていかなければならない。

この二段階を達成していくためのマネジャーの能力こそが「オーバーアチーブのためのリーダーシップ」である。

「オーバーアチーブのためのリーダーシップ」を発揮するマネジャー、そのマネジャーと苦楽をともにできるメンバー、そういった人の集まりこそが最強の「組織力」をもたらす源泉なのだ（図3−12）。

4

CHAPTER

第４章

組織の戦略能力とマネジャーの「戦略マインド」

組織の「戦略能力」の土台は、マネジャーの「戦略マインド」にある。「戦略マインド」は確固たる理屈のフィルターを通して、自社の事業の本質を見極め、向上させていく力である。

マネジャーは、自社成功のためのビジネスモデルを考え抜き、それを組織の中に埋め込んでいかなければならない。そして、常に顧客起点の思考を持ち「戦略マインド」を高め、正しい意思決定を行うことが強く求められている。

1 戦略マインドを鍛える

戦略マインドとは

第1章で、「組織力」の構成要素の一つである「戦略能力」とは「シンプル」で「整合性」のとれたビジネスモデルを構築し、顧客と共有する「場」を通じて組織と戦略がともに進化していく適応力であるということはすでに述べたとおりである。

そして、マネジャーこそが組織の「戦略能力」と「遂行能力」の双方に深く関与し、かつ、それを支えていく要であった。第3章では、その一方の柱である「遂行能力」を実現するために、マネジャーがまず「完遂する」ことを期待され、そしてさらには自ら「オーバーアチーブ」をし、メンバーも「オーバーアチーブ」させなければ、期待を超える組織はつくれないということを具体的に議論してきた。

それでは、次に、組織力のもう一つの柱である「戦略能力」を高めるために、マネジャーは何をしなければならないのだろうか。それについて議論していきたい。

結論から言ってしまえば、答えはいたってシンプルだ。まずマネジャーが正しい「戦略マインド」を持ち、正しい意思決定を行うことである。

ただし、「戦略マインド」の定義は難しい。「戦略マインド」を持つというのは、「戦略的に考えろ」ということになるのだが、では「戦略的に考える」ということはどういうことか。世の中に数多くある戦略構築のためのフレームワークを使いなさい、ということであれば何冊か戦略関係の本を読めばよいが（それはそれで役に立つだろうが）、それだけでは十分ではない。


組織の「戦略能力」を高めるという観点から、マネジャーの持つべき「戦略マインド」を考えた場合、次の二つのポイントが重要になってくる。

1. 顧客ニーズと戦略をも内包する「シンプル」で「整合性」のあるビジネスモデルを考え抜き、実施していこうとする意志を持つこと。
2. 常に顧客起点の考え方を忘れず、顧客と共有する「場」をすべての中心に据えること（放っておけば顧客の声は組織の中でどんどん減衰する）。

図4-1　「戦略能力」と「戦略マインド」

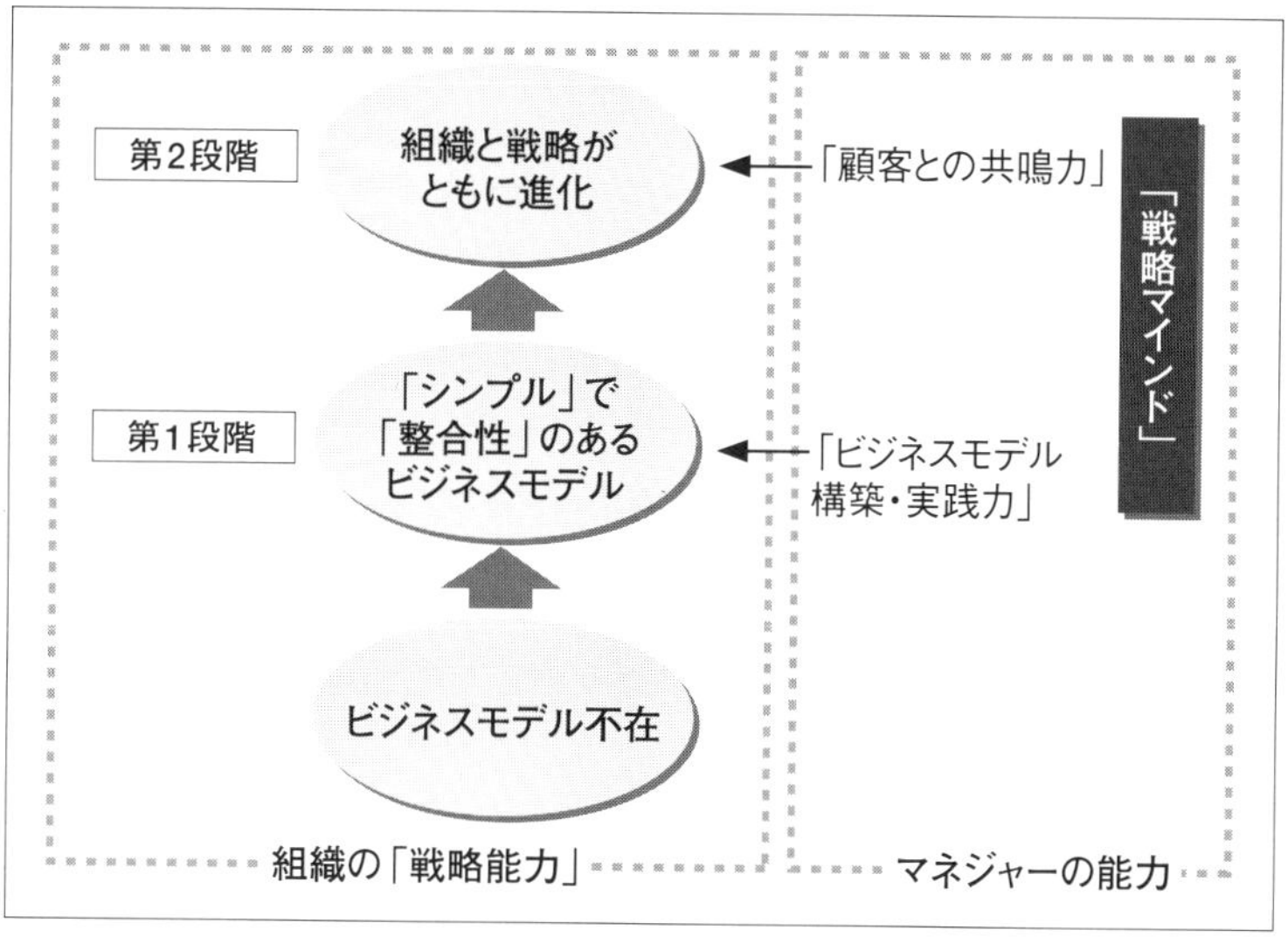

一つ目のポイント「ビジネスモデル構築・実践力」が、組織の多くのマネジャーに定着していれば、「戦略能力」の第一段階、すなわち、「シンプル」で「整合性」のあるビジネスモデルが組織に埋め込まれた段階はクリアできる。二つ目のポイント「顧客との共鳴力」までできれば、「戦略能力」の第二段階、組織と戦略がともに進化する段階もクリアである。

この第二段階までが達成されてはじめてもう一つの「組織力」の構成要素である「戦略能力」の側面から、最強の「組織力」を持つ組織の必要条件を満たすことができるのだ（図４-１）。

迷走している企業では、恐ろしい話ではあるが、戦略が不明瞭、あるいは戦略が不在というケースが現実に存在する。そうなると、社員の間で「会社は何を目指しているのか、どこへ行こうとしているのか、よくわからない」という声が蔓延する。そこまでいかなくても、トップマネジメントやマネジャーが、自らの言葉で簡潔に「会社は何を目指しどこへ行こうとしているのか」を説明できなければ、赤信号である。

企業の規模が大きくなるにつれ、ビジネスがそれなりにまわってしまうという「事業の慣性の法則」というのが働いてくる。戦略不在の状態にもかかわらず、あたかも戦略的に進んでいるような錯覚に陥り、気がつくと、にっちもさっちも行かない危機的な状況に陥っているということも大いにあり得ることである。

「うちは経営トップがダメだから」と嘆いていても仕方がない。繰り返し述べているが、組織を変えていく力を持つのはマネジャーである。そのためには、マネジャーが正しい「戦略マインド」を持ち、正しい意思決定を行っていく必要があるのだ。

本章においては「戦略能力」の第一段階と第二段階について、それぞれ議論を進めたい。

「シンプル」で「整合性」のあるビジネスモデル

ビジネスモデルとは、顧客のニーズや戦略（資源配分とその運用の方針）、事業推進のためのルールなど、個々の要素がしっかりとした理屈（ロジック）で結びつき、事業推進の力を組織に与える「一連のロジックの連鎖」である。組織の「戦略能力」を高めるためには、まずこのビジネスモデルが「シンプル」であるということが重要となる。

環境変化の複雑さ・不確実さに対応するためには、あらかじめすべてを複雑かつ精緻に決めておくより、誰にとってもわかりやすい単純明快なビジネスモデルをつくっておいて、組織が変化に応じて柔軟かつ自発的に動けるようにしたほうが効果的である。「シンプルさ」こそが、組織の柔軟性や現場の強さを生むことにつながるのだ。

「シンプル」であることは、同時に「情報の減衰」を抑えることにも実は有効だ。シンプルであるが故に、伝えやすさ・理解しやすさは増すものである。たとえば、第2章の図2-1のところで議論したように、人は伝えたいことの九割しか伝えられず、聞き手は全体の八割しか理解できていないとすると（すなわち一人介在することで情報が七二％に減衰してしまう。三階層ある場合は72％×72％×72％で約37％）、情報の減衰率が一〇％改善した場合、三階層では末端に正しく情報が伝わる比率は二〇％程度改善することになる（82％×82％×82％で約55％、先ほどの37％に比べプラスの18％）。また、ビジネスモデルが「シンプル」であると、それに対してのさまざまな解釈が組織内でなされ、企業としての方向性が不明瞭になってしまうというリスクも抑えられる。

「シンプルさ」が力を発揮するのは、なにも組織内部だけではない。企業のビジネスモデルがシンプルであればあるほど、顧客へのメリット・訴求点もよりわかりやすく明確になる。

図4-2　自然光とコヒーレント光

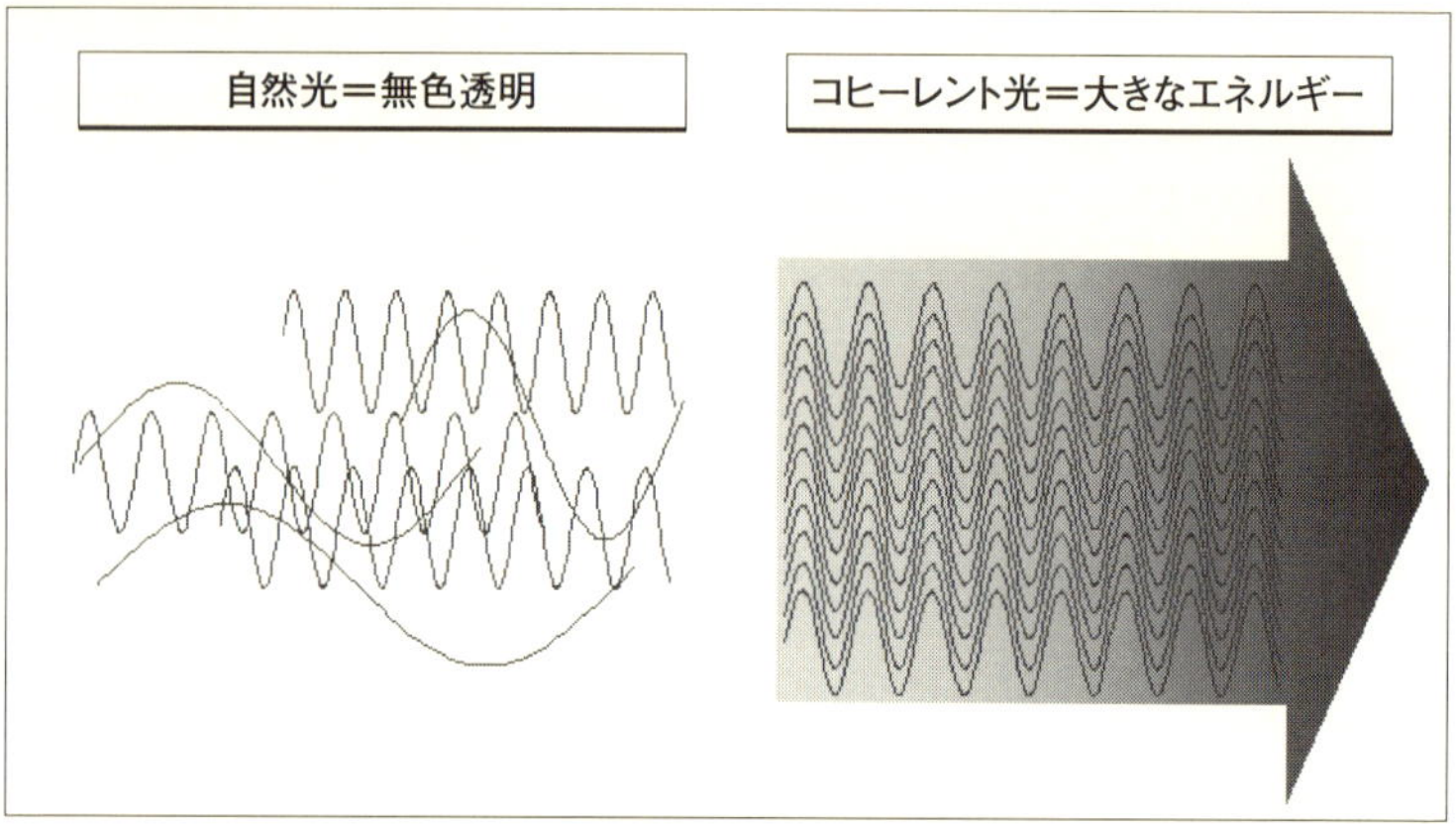

また、協力者（協力会社）との連携も、それと同じ原理でよりスムーズとなっていくだろう。組織はもともと複雑なものだが、ビジネスモデルは「シンプル」であるべきなのである。

ただ、もちろんシンプルなだけでは意味がない。二つ目の重要なポイントは、ビジネスモデルに「整合性」がとれているということである。ビジネスモデルが「整合性」を持つと、それはそのまま力を持つということにつながっていく。

以前に比べ、プレゼンテーションなどで、赤いレーザー光線のポインターが使われることが多くなったが、実はあのレーザー光線は、非常に「整合性」のとれた光なのである（コヒーレント光と呼ばれる）。普通の自然光と違って周波数や、波の山や谷がぴったり一致している特別な光だ。「整合性」がとれているために、光が増幅しあって大きなエネルギーを持つことが可能になる。そのため最近では、レーザー光線は、加工機械や手術器具へと応用され、ひいては兵器にまで使われようとしている（図4-2）。

「整合性」のとれているビジネスモデルは、レーザー光線と同じように、ロジックの辻褄があっており、それらが好循環を生み、高めあい、企業の強さへとつながっていくような状態を生み出していくことにつながるのである。

「シンプル」で「整合性」のあるビジネスモデルのケーススタディー

では、これから、いくつか事例を挙げながら、「シンプル」で「整合性」のあるビジネスモデルの生む力を説明していきたい。

❶ デル・ダイレクト・モデル（事例）

まずはデルの事例である。

デルは筆者二人が知り合う機会を得た会社であり、また、多くのことを学ぶことができたすばらしい会社である。とくに、デル・ダイレクト・モデルと呼ばれるビジネスモデルがいかに強力なものであるかを、身をもって実感することができたのは、非常に貴重な経験であった。

デルは、一九八四年に当時大学生であったマイケル・デルによって設立されたアメリカのコンピュータ直販メーカーである。設立以来、急速な成長を続け、二〇〇一年には全世界におけるPCのマーケットシェアで第一位となり、二〇〇三年度の売上高は四兆円を超えるまでになった。その原動力がデル・ダイレクト・モデルである。

一九九四年には、規模の成長を焦るあまりに、一時期、このダイレクト・モデルから離れ、小売チャネルへ参入し、業績の悪化を引き起こしてしまったが、その後、小売チャネルにおける販売から撤退、ダイレクト・モデルに回帰することで見事復活を果たしている。

デル・ダイレクト・モデルは顧客を起点とし、顧客を終点とした「シンプル」で「整合性」のあるビジネスモデルである。

流通にかかる余計なコストを顧客が負担しなくて済むよう、直接販売と受注生産を行ったことがそもそもの始まりだ。すべての戦略的な方向性、重点項目、顧客への便益が、このビジネスモデルの持つ辻褄のあった「一連のロジックの連鎖」によってもたらされている。ここでは、その「シンプル」で「整合性」のあるロジックを、ここでは順を追って説明していこう。

1. 直販で受注生産（これは資金力の乏しい学生でも可能な選択肢だった）をビジネスモデルの起点とした。それにより、おのずと焦点を当てるべき顧客セグメントが明確になった。

図4-3　直販と顧客メリット

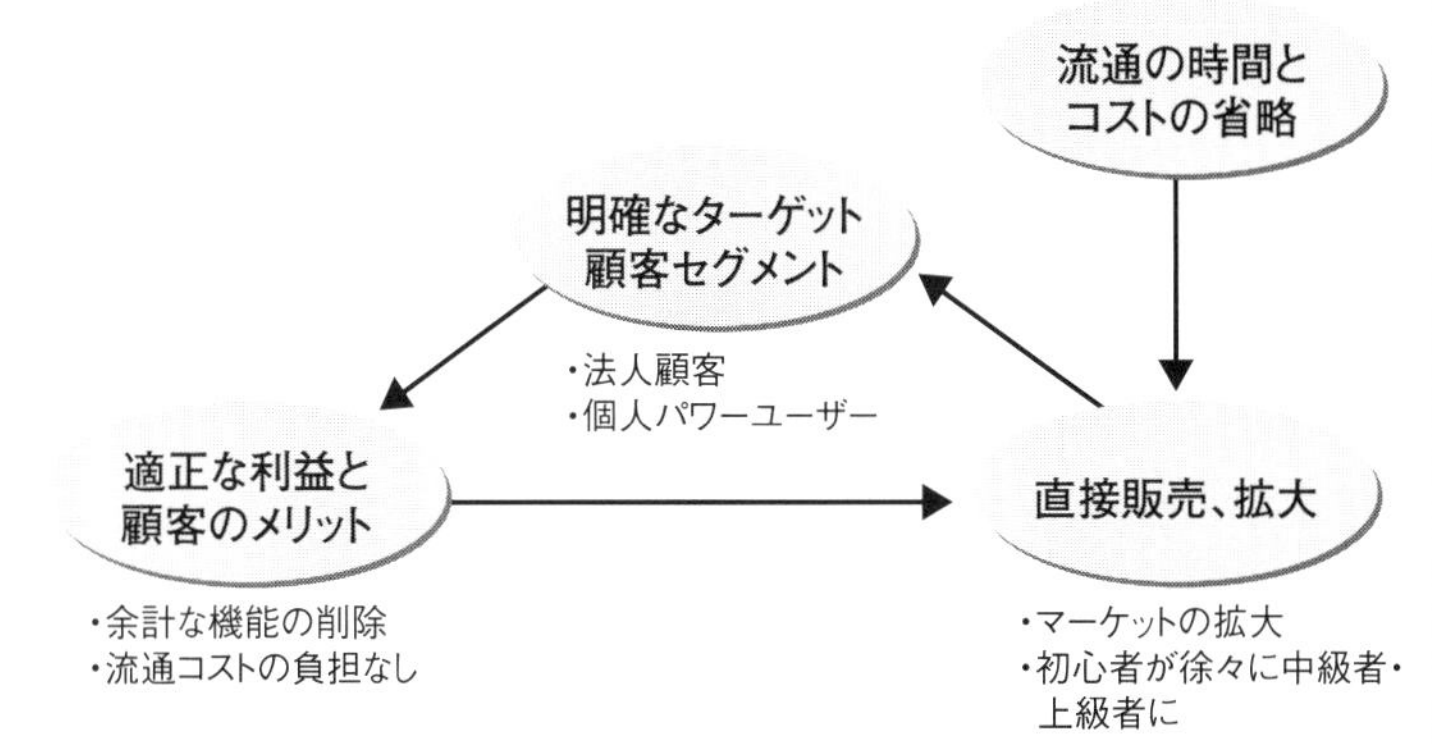

出所：平井孝志「デル・モデルのしくみと戦略」『提言集21世紀』1999年

そこで浮き上がってきた顧客セグメントは、直販・受注生産であるが故に、自分が必要とするＰＣの仕様をはっきり言える顧客セグメント、すなわち、企業ユーザーであり個人のパワーユーザーだった。彼らはこれまで余計にかかっていた流通コストや余分な機能に対するお金を支払わなくて済むようになったのである。

2.　デルにとっては顧客ターゲットと訴求点が明確な分、余計なマーケティングコストがかからなくて済み、結果、マーケティング費用の投資効率が高くなる。それに加えて、効果測定がしやすいダイレクトなマーケティングを行えることで、さらにその効率を高めていくことが可能になる。もちろん、これらすべてのコスト削減は、顧客の

図4-4 サプライチェーン・サポート上のメリット

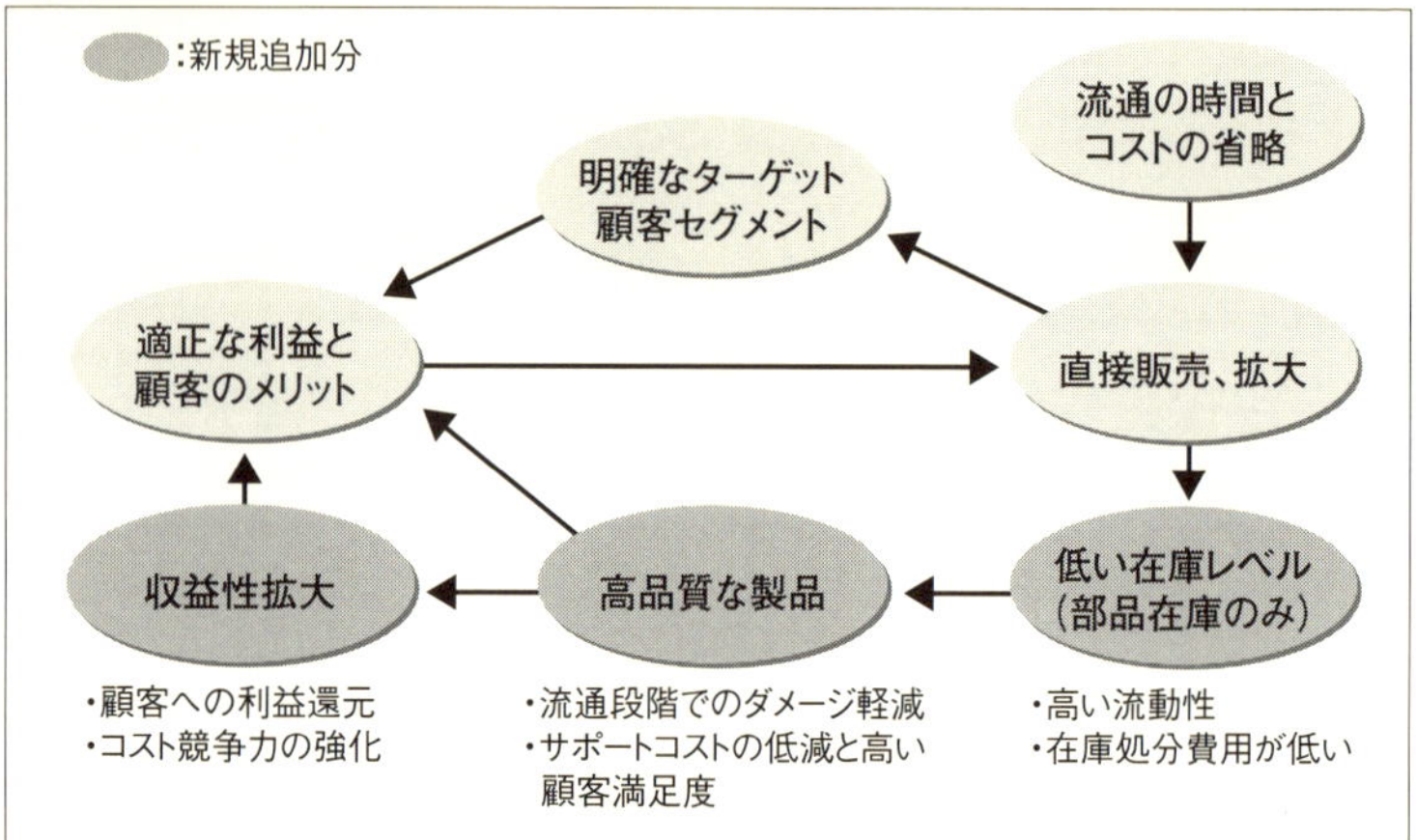

出所：平井孝志「デル・モデルのしくみと戦略」『提言集21世紀』1999年

利益に反映されることになる（図4-3）。

3. 次に受注生産（マスカスタマイゼーション）を行うことにより、完成品在庫を持たずにビジネスを行うことができる。売れ残り在庫を処分する損失もなく、流通段階での商品へのダメージの可能性も小さいため、低価格で高品質な商品を顧客に提供することができる。それによって、顧客満足度が拡大するとともに、故障対応などのサポートコストも低減させることができる（図4-4）。

4. そして、必要最小限の部品在庫のみでビジネスをまわしていけることで、運転資金も少なくて済み、キャッシュフローもよくなる。その結果、おのずと社内に、さらなる在庫低減への圧力も高まっていくことになる。

それにもましてよいことは、在庫レベルが低いことにより、デルは新しい技術や新しい商品への移行が迅速に行えることだ。

デルは現在、三日分の在庫しか抱えていない。それ故「大量に既存商品の在庫が残っているため、それがさばけるまで新商品が出せない」といったジレンマをデルは抱えなくて済む。これは新しい技術を利用したい顧客にとって大きなメリットになる。

また、このように在庫レベルが低いため、部品価格の下落による影響も最小限に抑えることができる。ＰＣ用の部品価格はだいたい一年で半分になると言われている。何カ月か前に購入した部品でつくったＰＣと数日前に購入した部品でつくったＰＣとでは、原価が大きく変わってきてしまうのだ。「このＰＣは二カ月前に仕入れた部品を使ってつくったＰＣなので少し割高になります」と言っても、顧客に納得してもらえないのは当然だろう。

結局、在庫を少なく持つことが収益向上につながるのだが、直販・受注生産のデルは、そのインパクトを最大限発揮できるのである（図４－５）。

5. また、ハードディスクやＣＰＵ（中央演算装置）などをデルに供給する部品ベンダーとの連携も強化される。

そのもともとの理由は、価格競争の激しい業界において、部品ベンダーの利益が新しい

図4-5 早く価格性能比の高い製品を市場に投入

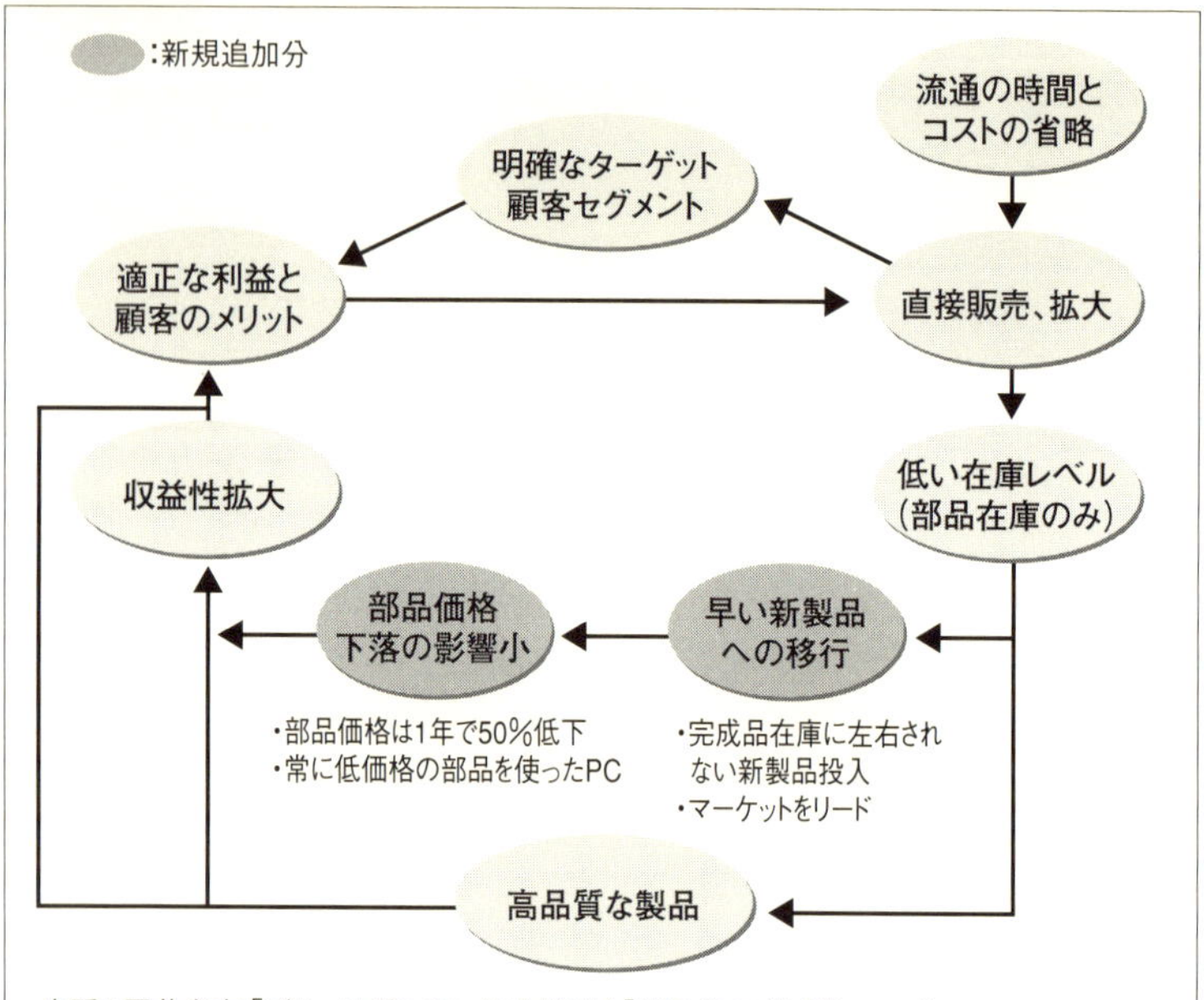

出所：平井孝志「デル・モデルのしくみと戦略」『提言集21世紀』1999年

技術を世の中に送り出していくことにより、維持・拡大されるからに他ならない。デルとの連携を強化することは、新しい技術をいち早く市場に導入することを可能とし、部品ベンダーの利益を拡大することにつながるのだ。これは彼らにとって非常に魅力的なことである。

一方、デルは部品ベンダーと連携し、共同でR&D（研究開発）を行うことにより、最新の技術を取り入れながらも、信頼性・安定性の高いPCを世に送り出

図4-6　ベンダーとの協業体制

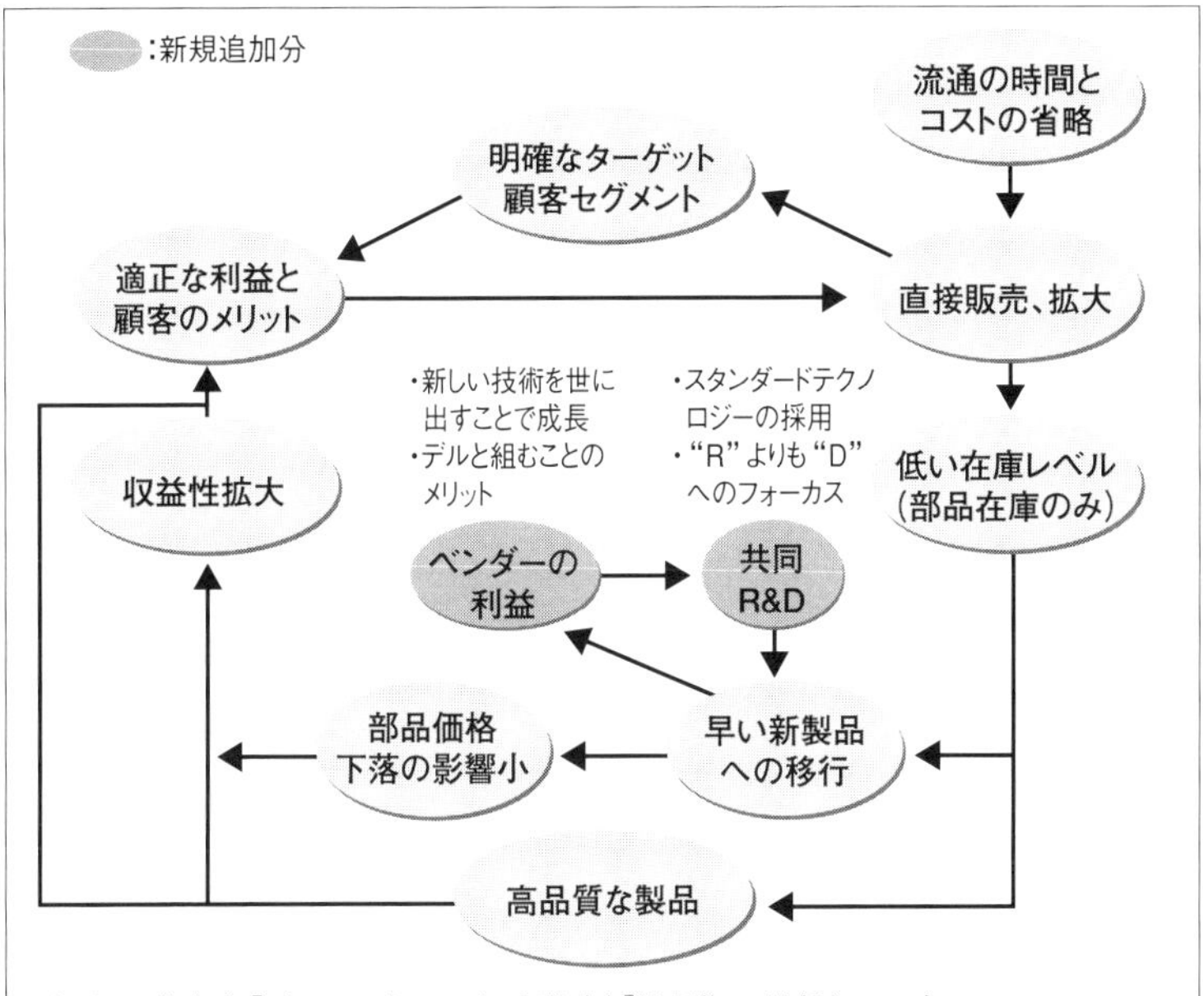

出所：平井孝志「デル・モデルのしくみと戦略」『提言集21世紀』1999年

すことが可能となる（図4－6）。

6. 最後にはやはり、顧客とのダイレクトな関係がデルのビジネスモデルを支えている。

顧客との直接の接点は、顧客のニーズを早く正確に把握する場を与えてくれる。顧客情報はサプライチェーンの出発点でもある。また、顧客がどのような製品やサービスを求め、それをどう満たすか、といった観点から言うと、ビジネスの出発点でもある。

製品情報やテクニカルサポートの履歴など、顧客情報をデータベース化することにより、買い換え情報の提供や的確なサポートなど、的を射た顧客への対応が可能になる。そして顧客の声を直接製品開発に活かすことにより、顧客満足度を高めることも可能になる。

これら顧客情報が組織全体で共有されているため、個々人のノウハウのみに頼ることなく、組織として顧客に向かっていくことができるのである（図4-7）。

以上のような性格を持つデル・ダイレクト・モデルは、顧客を起点とし、顧客を終点とする「シンプル」で「整合性」のあるビジネスモデルの好例だ。デルの社員であれば、このビジネスモデルをよく理解しているし、個々人の現場における改善活動も、このビジネスモデルに裏打ちされている。

一時期、ＳＣＭ（Supply Chain Management：サプライ・チェーン・マネジメント）が流行し、その代表例としてデルがよく取り上げられた。あるいは、インターネット経由によるビジネスの成功例としても、デルはよく取り上げられた。

しかし、サプライ・チェーン・マネジメントもインターネットも、デルのビジネスモデルの一部でしかない。あるいはそれを強化するためのツールでしかない。ビジネスモデルに好循環の輪が存在していること、そして、それを着実に実践していけることこそがデルの強みであり、デルは組織としての強みを発揮することができるのだ。

図4-7　顧客に始まり顧客に終わる

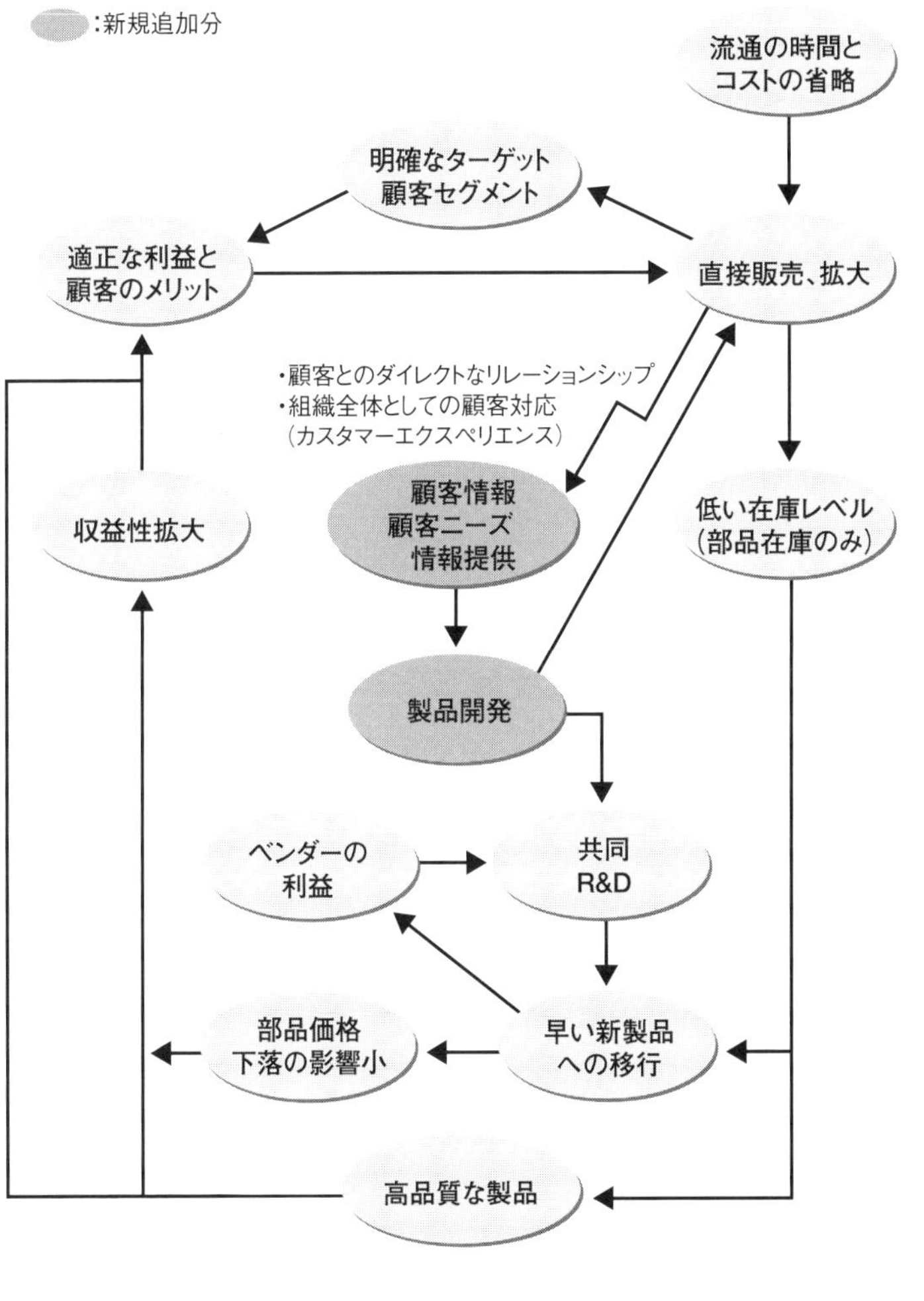

出所：平井孝志「デル・モデルのしくみと戦略」『提言集21世紀』1999年

❷ 戦略の教科書の定石：ＧＥ（事例）

次にＧＥを例に取り上げながら、同じように「シンプル」で「整合性」を持つビジネスモデルについて簡単に見てみたい。

ジャック・ウェルチが「業界No.1かNo.2の事業以外は残さない」とNo.1・No.2戦略をとってきた話は、ＧＥのシックスシグマの取り組みと並んで有名な話である。このＧＥのNo.1・No.2戦略は、よく戦略の教科書の中で、プロダクト・ポートフォリオ・マネジメント（自社の強みと市場の魅力度を切り口に各事業ごとの戦略を考え、優先順位を決めていく手法）を土台としたコストリーダーシップ戦略（事業規模の拡大によりコスト競争力を強化し市場を押さえていく戦略）の好例として紹介されている。

ここで興味深いのは、この戦略の裏に、いくつかの理にかなった概念が存在し、「シンプル」で「整合性」のあるビジネスモデルとなっているという点である。

まず出発点は「経験曲線の考え方」だ。

「経験曲線の考え方」というのは聞き慣れない言葉かもしれないが、内実は誰もが日常的に経験していることだ。それは、何事につけ一回目より何回目かのほうが、効率的に物事を進められるということである。たとえば、はじめてケーキをつくった時と一〇回目とでは、その段取り・時間・手間などにおいて、格段の差があるものである。これがいわゆる「経験曲線効果」だ。

ビジネスの世界においても、累積での生産量が増えれば増えるほど、経験による学習効果があらわれ、生産コストが低下するという「経験曲線効果」が知られている（総じて累積生産量が二倍になると、コストは約七五％程度になると言われている）。

すなわち、マーケットシェアが高いほど、累積生産量は大きく、競合他社に対してコスト上で優位に立つことができるのだ。同時にスケールメリット（規模の経済）も追求することができ、その事業における収益性は他社に比べてさらに高くなる。結果的に、マーケットシェアが高い事業ほど収益性が高くなるという相関関係が生まれることになる。

一方、製品や事業にはプロダクト・ライフサイクルと呼ばれるサイクルが存在する。プロダクト・ライフサイクルというのは、基本的に個々の製品市場が永久に存続することはなく、成長しては衰退していくという考え方だ。

そのため、企業としては、新たにどの製品や事業を伸ばし、どの製品や事業には力を入れないかを考えなければならない。現在、マーケットシェアが業界№１・№２の収益性の高い事業から生み出されるお金を、次に№１・№２になる見込みのある事業へと投資し、現在の№１・№２事業の市場が衰退する時のために備えておかなければならないのである。このサイクルをまわしていくことにより、企業としての永続的な成長を目指すことが可能となるのだ（図4―8）。

このようなGEのビジネスモデルも、ロジック自体は非常に「シンプル」であり「整合性」がとれているビジネスモデルである。トップマネジメントもマネジャーも、このビジネスモデルをまわしていくことに自らの活動の焦点を当てればよいことになる。実は、シックスシグマといった現場の品質改善の手法も、「経験曲線効果」を高めるというこのビジネスモデルとの整合性の中でこそ、非常に大きな意味を持ってくるのである。

ビジネスモデル構築・実践力

正しい「戦略マインド」を持つマネジャーは、自社のビジネスモデルをどうすれば「シンプル」で「整合性」のあるものにできるかを常に考え抜かなければならない。

何をすればよいのか。まずは、デルの例で示したようなインフルエンス・ダイアグラム（影響の相関図）を紙に落としてみることだ。自社の置かれている状況を踏まえ、いかに好循環を生み出していけるかを徹底的に考え、議論も行いつつあるべき姿を明確にする作業を続けていくことである。

「シンプル」であることを追求することは、余計なものを殺ぎ落とし、本質を見極める洞

図4-8　GEのNo.1・No.2戦略

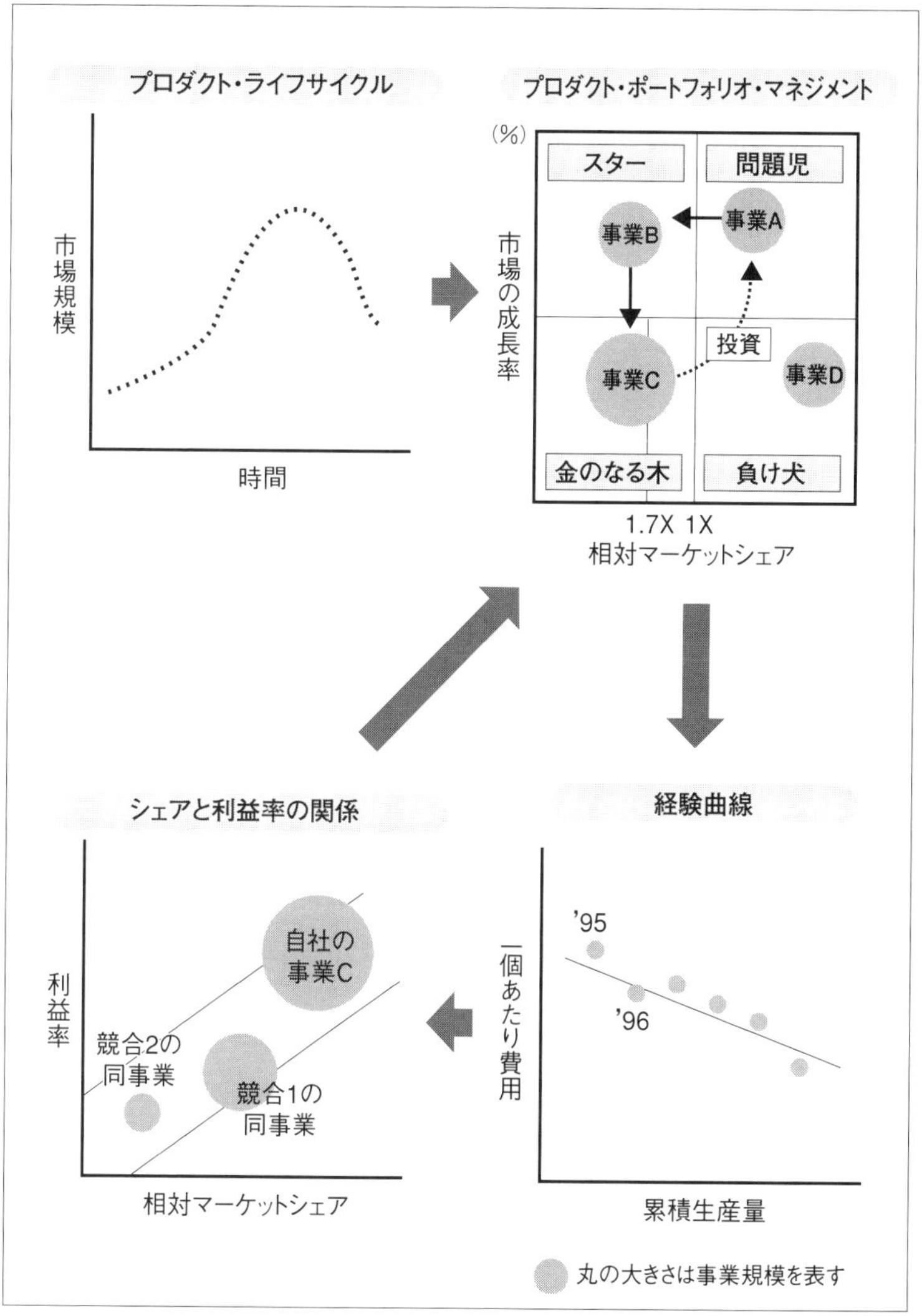
プロダクト・ライフサイクル
市場規模
時間
プロダクト・ポートフォリオ・マネジメント
(%)
市場の成長率
スター
問題児
事業B
事業A
投資
事業C
事業D
金のなる木
負け犬
1.7X 1X
相対マーケットシェア
シェアと利益率の関係
利益率
自社の事業C
競合2の同事業
競合1の同事業
相対マーケットシェア
経験曲線
一個あたり費用
'95
'96
累積生産量
丸の大きさは事業規模を表す

察力を鍛えていくことに他ならない。また、「整合性」を追求していくことは、物事の関連性や、構造、パターンなど複雑に絡み合った事象を解きほぐしていく力を鍛えることだ。

このような思考訓練を行っていくことにより、間違いなく「戦略マインド」は鍛えられていく。

そして、ビジネスモデルが明確になると、次はそれを組織に埋め込んでいく努力をしなければならない。

なぜ、組織にビジネスモデルを埋め込むことが大切なのか。それは、環境が大きく変化するからだ。すなわち、環境が大きく変化した時に、確固たるビジネスモデルが組織に存在し、それが「シンプル」で「整合性」のあるものである場合、大きな環境変化に対しても組織のベクトルが揃い、組織が自発的に適応していく力を発揮することができるのだ。

たとえば、進化論で有名なダーウィンはこのように言っている。「最も強いものや賢いものではなく、よりよく変化できたものだけが生き残る」。

企業組織も生物と同じである。環境の変化によって、いつ何時それまで強みだったものが弱みに変わってしまうかわからない。たとえば、かつて松下電器が構築したナショナルのお店という強大な販売網は松下電器の強さの源であったが、ディスカウントストアーなどの台頭によって、その大きな自社販売網が流通改革の足かせとなり、業績の回復を果たすまでに長い時間を要する結果となったことがその好例である。

環境が大きく変化する中では、唯一絶対の正解は存在しない。正解はまわりの環境によって変わるものなのだ。「シンプル」で「整合性」のあるビジネスモデルを土台に、環境に迅速に適応していかなければ、企業が生き延びていくことは今後ますます難しくなっていくだろう。

そして、企業が生き延びていくためには利益を出していかなければならない。その意味において、企業にとっての最も重要な環境要因は業界の収益構造がどう変化していくか、ということになろう。そこで次に、企業にとっての環境変化を「プロフィットプールの変化」という概念で捉え、それを手掛かりに、組織にどうビジネスモデルを埋め込んでいくかについて考えてみたい。

組織にビジネスモデルをどう埋め込むか

プロフィットプールとは、ある業界が生み出す利益の総合計のことであり、その利益が業界内でどのような形で分布しているのかを明確に表す概念である。

図４−９に、写真産業の例を取り上げている。横軸に各事業の大きさ（すなわち各事業全体の売り上げの合計）、縦軸にその事業の適切な利益率（％）をとることが多い。すなわち、

図4-9 写真業界のプロフィットプールの概念図 *1

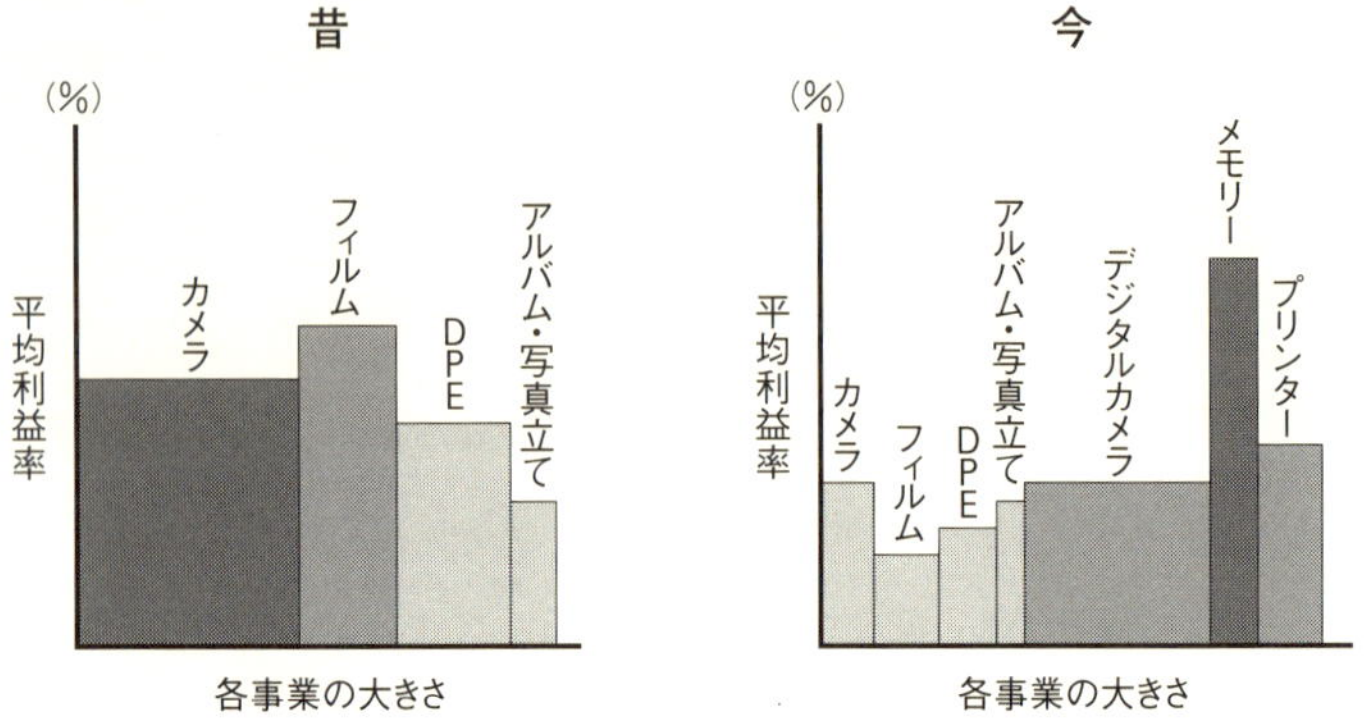

＊1：プロフィットプールにおいては、面積の大きさが、そのビジネス自体の利益の総額を表す。大きいほうが魅力的

縦軸と横軸の掛け算で決まる面積が、業界内の個々の事業が生み出す利益の総合計を表すことになる。

プロフィットプールの形は市場の成長、技術革新などによって、時として劇的に変化することがある。図4-9の写真業界などは、そのよい例だ。

業界内での利益は、最初はカメラ本体にあったが、それがフィルム、DPEへと時代とともに変化してきた。最近ではデジタルカメラの登場によって、さらにプロフィットプールの形は大きく変化し、利益の多くは写真を保存するメモリーに移ってきている。

写真産業においては、たとえばキヤノンが興味深い。

キヤノンは徹底的に他社に対して差別化

図4-10　コンピュータ業界のプロフィットプールの概念図 *1

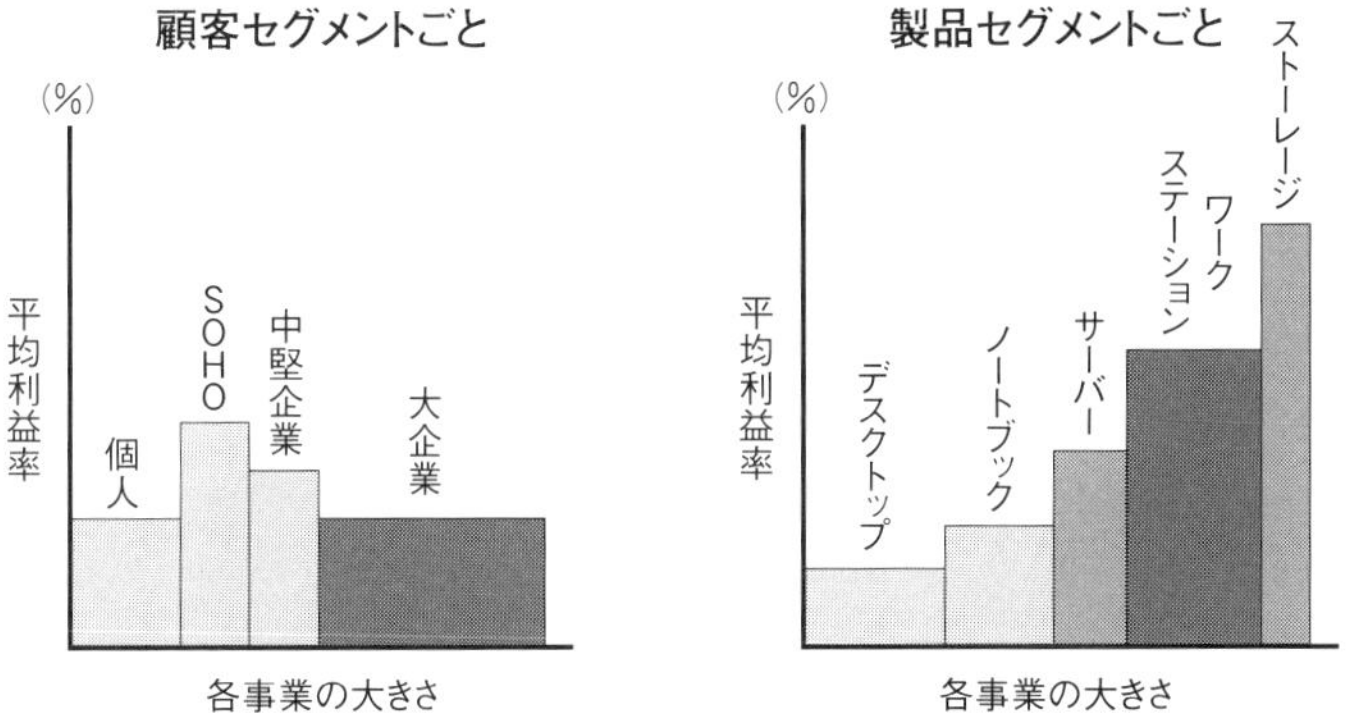

*1：プロフィットプールにおいては、面積の大きさが、そのビジネス自体の利益の総額を表す。大きいほうが魅力的

を構築できるシーズ技術（要素技術とも呼ばれ製品開発などのベースとなる基礎的技術）にこだわりつづけてきた。一九六五年当時は一眼レフカメラの売り上げの割合が最も大きかったが、その後８ミリ映写機・撮影機、電卓、ワープロ、コピー機、ファックス、小型プリンターへと、業界の変化とともに事業の軸足を移し、発展を続けてきた。キヤノンは、画像関連のシーズ技術へ徹底的にこだわるビジネスモデルによって、事業をダイナミックに変化させ、過去最高益の更新を続けているのである。

デルが属するコンピュータ業界も、プロフィットプールの形が大きく変化してきた業界だ。利益の多くがデスクトップやノートブックなどのＰＣから、サーバーやワークステーションなどの高機能・高価格製品に、そして個人顧客から法人顧客に移ってきた（図4－10）。

このように、大きく利益の源泉が動く業界にあって、デルは継続的に事業を拡大し、利益を伸ばしてきた。環境が大きく変化した時、戦略の方向性を決める鍵となったのは、やはり「シンプル」で「整合性」のあるビジネスモデルだったのだ。

九〇年代の後半に、今後さらに、自分たちのダイレクト・モデルが大きく付加価値を出せるのはどこかと考えた時、デルは高機能・高価格製品であるサーバーやワークステーションの分野へと進出することに決めた。その分野は、コンピュータメーカーが顧客に提供する価値以上の対価を顧客が支払っている領域だった。まさに、PC直販を始めた時のPC業界と同じ状況にあったのである。つまり、創業当時からの直販というデル・ダイレクト・ビジネスモデルがまさにぴったりと当てはまる次なる領域であったのだ。現在、デルはすでにPCサーバーやワークステーションでシェアNo.1の企業となっている。

マネジャーにとってビジネスモデルを組織に埋め込むということは、マネジャーがビジネス上の意思決定を行う場合、必ず、その意思決定が自社のビジネスモデルと整合性がとれているかどうかを常に問い直すことに他ならない。その繰り返しによって「シンプル」で「整合性」のあるビジネスモデルを組織に埋め込むことができるのだ。そして組織は一本筋の通った強さと環境変化に対する適応力を持つことができるようになる。

よいビジネスモデルは簡潔な言葉で表せる

このような「シンプル」で「整合性」のあるビジネスモデルは、非常に簡潔なフレーズで言い表すことができる。デルの場合は「ダイレクト」であり、ＧＥの場合は「市場で一位または二位を占める・さもなければ撤退する」である。

経営コンサルタントのオリット・ガディッシュは、このようにビジネスモデルのエッセンスを簡潔なフレーズで表現したものを「ストラテジック・プリンシプル（戦略の原則：著者訳）」と呼んでいる（図４－11）。そして、その役割を次の三つに整理している。

1. 経営資源をどの事業に傾けるべきかを決める指針となる。
2. 一つひとつの行動が適切なものかどうかを判断するための基準となる。
3. 方向性を示したうえで自由なチャレンジを認める。

ビジネスモデルを組織に埋め込んでいく際には、このストラテジック・プリンシプルは大きな助けになる。

図4-11 ストラテジック・プリンシプルの例

企業名	ストラテジック・プリンシプル
AOLタイムワーナー	人と人をつなぐ―いつでも、どこでも
デル	ダイレクト
イーベイ	オンライン・オークション事業に全力を傾ける
ジェネラル・エレクトリック	市場で1位または2位を占める・さもなければ撤退する
サウスウエスト航空	近距離航路のお客様ニーズに、マイカー旅行と遜色のない運賃で応える
ザ・バンガード・グループ	ファンドの所有者のためにベストを尽くす
ウォルマート・ストアーズ	エブリーデイ・ロープライス

出所：オリット・ガディッシュ、ジェームズ・L・ギルバート（有賀祐子訳）「ストラテジック・プリンシプル」『DIAMONDハーバード・ビジネス・レビュー』2001年10月号、pp.26-37

繰り返しになるが、ビジネスモデルを構築し、よりよいものにしていくこと、そして、それを組織内に浸透させていくことはトップマネジメントだけの仕事ではない。優れたマネジャーは、自分の立場を最大限活かしつつ、考え抜き、これらを実践していかなければならない。

この動きが組織内で醸成された時、「戦略能力」構築の第一段階、すなわち、「シンプル」で「整合性」のあるビジネスモデルが組織に埋め込まれた段階に達したことになる。マネジャーはあるべき姿のビジネスモデルを考え理解し、それに照らして物事を判断する力をつけることが強く求められている。

2 顧客と共有する「場」の重要性

「場」を通じて戦略マインドを高める

次に、マネジャーの「戦略マインド」がさらに高まり「顧客との共鳴力」を持つ領域にまで到達し、それによって、組織の「戦略能力」が、その第二段階の「組織と戦略がともに進化」していく段階にまで達するには何をしなければならないのか。その鍵となるのが顧客と共有する「場」である。

顧客と共有する「場」とは、まさに顧客と企業が接点を持つ場所のことだ。商品やサービス、店舗、その他諸々の活動（たとえば営業やマーケティング、カスタマーサポートなど）を通じて、企業と顧客とが相互にコミュニケーション行う場所そのものである。

よくよく考えてみると、実は、企業は自らを取り巻く環境との相互作用を行う、開かれたシステムであることに気づく。社会からヒト・モノ・カネといった資本をあずかり、顧客に対して付加価値を提供し、適切な利益を上げることにより生き延びているシステムが企業なのである。

顧客を抜きにしては、企業存在そのものを語ることはできない。競争力のあるビジネスモデルは、そのビジネスモデルをまわしていくこと自体が、そのままダイレクトに顧客のメリットにつながっているはずである。デルの場合は、ダイレクトであることによる高い価格性能比・高い品質の製品を提供できることであり、GEの場合はマーケットシェア№1・№2からくるコスト競争力のある製品を提供できることなどである。逆に言えば、顧客に対するメリットを明確に提供できないビジネスモデルは、企業に競争力をもたらすことができないというのも事実だろう。

顧客と企業が共有する「場」にこそ、顧客の真のニーズや生の声、そして成長やブレークスルーのためのヒントや答えがある。その「場」と組織全体がどれだけ密着できるかが、その企業の競争力を左右することにつながるはずだ。

第1章でも取り上げた高山という企業は、まさに顧客と共有する「場」、すなわち顧客の厳しい要求をなんとか実現していくための顧客との議論の中で、ビジネスチャンスを見出していった企業である。

現在、売り上げが一五〇〇億円、経常利益率三%程度を誇る卸売企業の中の高収益企業となっている。高山は顧客であるセブン-イレブンに対して、コンビニが求める多頻度小口物流に、徹底してシステマティックに対応することで著しい成長を遂げてきた。

社内の反対意見にもかかわらず、ヨークセブン（当時のセブン-イレブン）の事務所の迫力に感銘を受け「経営革新の機会」を感じ、彼らとの取引に踏み切った高山会長は当時を振り返ってこのように言っている。

（取引の申し出を）最初は断られましたよ。『この仕事は、たとえば、キャラメルなら箱をばらして一〇個とか、細かい仕事なんだ。おたくは、まとめて売る商売は得意だけれども、とてもそんな細かい仕事はできないのではないか』と。

私は『やってみなければわからないではないか、とにかくやらせてください。やってダメなら切ってください』とお願いしました。そのうち、山本さん（第一号店）が開店することになり、次第に日が詰まってくる。それでやってみるかということになったんです。

小川進『「稼ぐ」仕組み』（日本経済新聞社）

高山会長は、セブン-イレブンからの要請をどう捉えるかで、他者（他社）とは違っていたのだ。セブン-イレブンからの厳しい注文を「問屋いじめ」とは捉えず、むしろ「経営革新の機会」だと考えたのである。現在、高山は顧客であるセブン-イレブンに組織全体として密着し、高い競争力を維持している。

ただ、事業規模が拡大するにつれて、知らない間に顧客と組織との距離が離れ、顧客と共有する「場」が薄まり、顧客の声が組織の中で減衰してしまうというリスクは常に存在する。それを回避するためには、とにもかくにも、組織階層の上下にかかわらず、また担当する職責にかかわらず、できるだけ顧客との接点を増やす仕組みをつくることだ。それとともに、顧客と共有する「場」を重視するような企業文化の形成を意識的に推し進めていくしかない。これがマネジャーの持つべき「戦略マインド」の二つ目の重要なポイント「顧客との共鳴力」である。

『日経ビジネス』(二〇〇三年八月一八日号)に紹介されていたワタミフードサービス(関東を中心に約三六〇店舗(二〇〇三年八月時点)の居酒屋・外食チェーンを展開している)の例では、一九九七年一一月から毎週、延べ二九〇回以上にわたり「業務改革会議(業革)」が行われている。同社の渡邉美樹社長が陣頭指揮をとり、その前の週に寄せられた顧客からのクレームに現場がどう対応したかについて、徹底的に議論を行っている。それによって、組織と顧客の密着度を維持・向上させようとしている。

このように、顧客と共有する「場」そのものを重視し、組織全体を常にそれと密着させていくために、マネジャーは「顧客との共鳴力」を高めることが望まれるのである。

顧客の声を組織の中へ

では、顧客と共有する「場」がどのようなものなのか、そしてマネジャーが「顧客との共鳴力」を高めていくためには何をすべきなのかについて考えていきたい。

顧客と組織が共有する「場」の密度を上げる、すなわち「顧客との共鳴力」を鍛錬していくためにマネジャーがすべきことは、大きく分けて二つある。一つはハード面（組織構造）からのアプローチであり、もう一つはソフト面（知識）からのアプローチだ。前者の「組織構造」からのアプローチでは、顧客セグメンテーションが重要となり、後者の「知識」からのアプローチでは「顧客知」をどう組織内に浸透させるかということが重要になってくる。それについて少し説明をしてみたい。

まず、ハード面（組織構造）からのアプローチだが、基本的にはそれは非常にシンプルな考え方だ。すなわち、顧客との密着度を上げるためには、事業の拡大に応じて顧客のセグメンテーションを細分化し、それにもとづく組織変更（基本的には分割）を行っていくという方法である。部署やチームを小さくすることで、多種多様な顧客ニーズに対応しようというものだ。

ただ、いつ・どのように組織変更を行うかということには注意が必要だ。

まず、最も重要なことは、分けられた顧客セグメントごとに顧客のニーズや行動パターンに特徴があり、異なる顧客セグメント間ではそれらが明らかに異なっているということだ。図4-12を見ていただけるとわかるように、DMC、DMP、DMUと呼ばれる意思決定要因、意思決定プロセス、意思決定ユニットにはセグメント間に明らかな違いがあるべきなのである。むしろ、そうでなければ組織を分ける意味がなく、顧客との密着度も上がらない。

組織変更を行うタイミングについては、むやみやたらに細分化すればよいというものでもない。組織を分割した際に、分割された双方の組織がそれぞれ一つの事業やチームとして機能できる、それだけの大きさを確保できることが重要である。業界によって異なるとは思うが、営業といったような一つの機能に限ってチーム分けを行う場合は、特定の顧客セグメントに対してしっかり営業ができるよう四～五名程度の規模は必要となるだろう。また、一つの事業で切り出す場合は、複数の機能、たとえばマーケティングや人事などの機能を内包するために数十名程度の規模が必要となるのではなかろうか。

この考え方は、事業部制、カンパニー制に通ずるものだ。ただ、世の中の多くの事業部制、カンパニー制が製品群といった自社の都合による分け方をしていることが多いのに対し、顧客のDMC、DMP、DMUにもとづく顧客を起点とした組織のあり方を考えることには大きな意味がある。

デルは、顧客セグメンテーションをベースとする組織構造を、実にうまく維持・発展させてきた（図4-13）。これまで事業規模の拡大にともない、組織と顧客ニーズとの密着度を失

図4-12 DMC、DMP、DMU

1) DMC (Decision Making Criteria)：意思決定要因

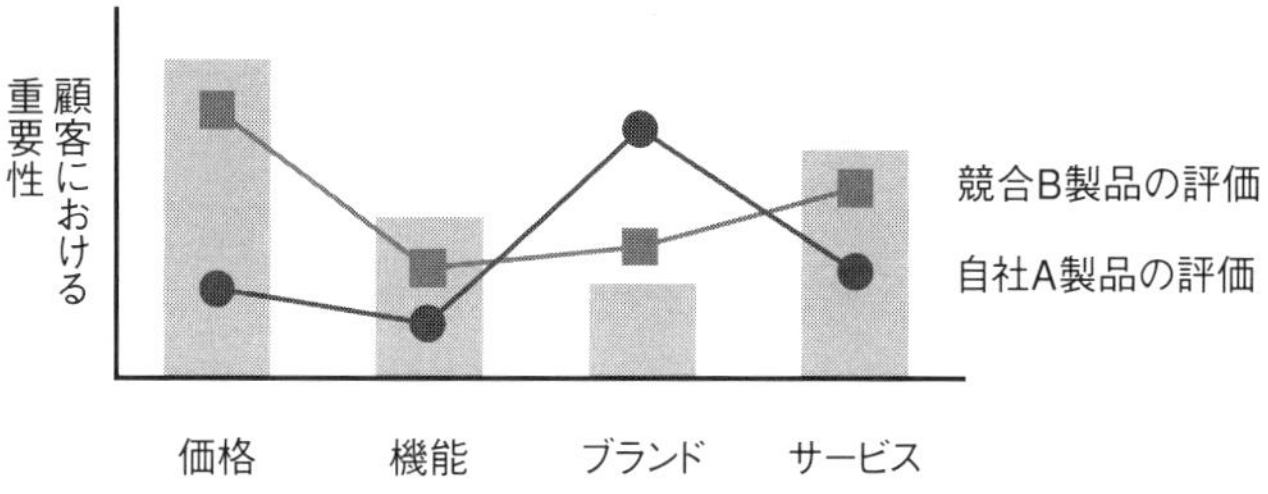

2) DMP (Decision Making Process)：意思決定プロセス

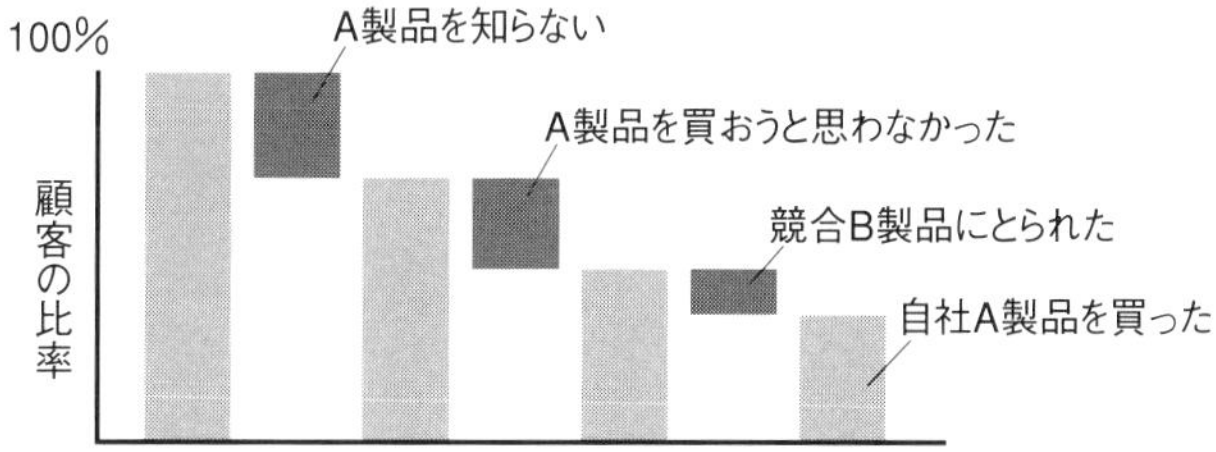

3) DMU (Decision Making Unit)：意思決定ユニット

例1) 離乳食を食べるのは赤ちゃんだが、それを選ぶのは母親である。

例2) コンピュータを発注するのは各部門であるが、最終承認は購買部にある。

例3) 1億以上の投資は社長決裁であるが、実質的に経営企画室長がYesと言えばまず間違いなく通ってしまう。

図4-13 デル（米国）における組織分割の推移

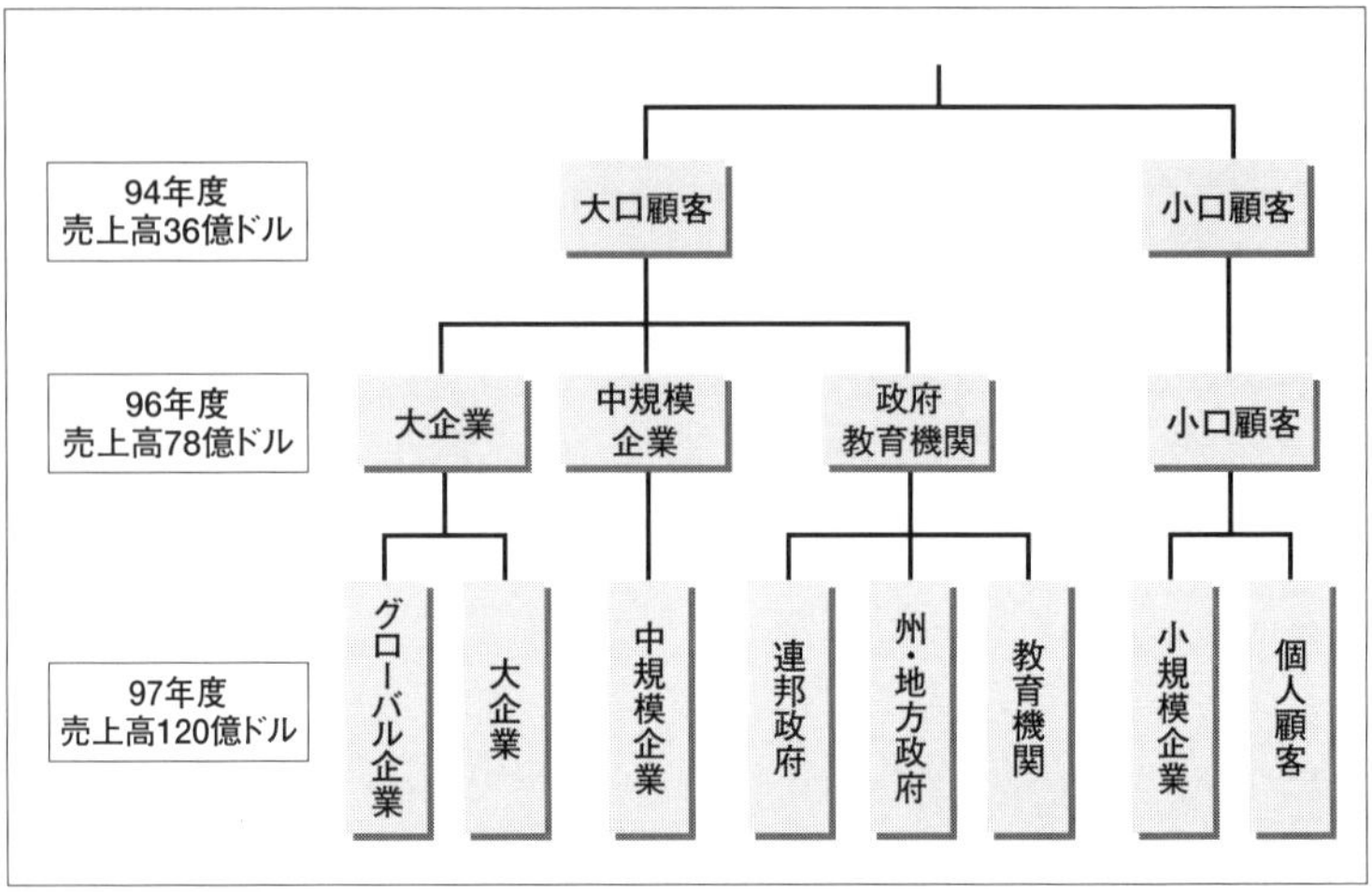

わないよう組織を細分化してきた。

また、それぞれのセグメントごとに必要となる人材やマーケティング手法は異なるので、それぞれのセグメント組織ごとに人事機能やマーケティング機能も持たせている。たとえば、個人用PCを販売するセグメント組織に所属し、電話で注文を受ける社員に求められるスキルと、大企業向けにサーバーを販売するセグメント組織の営業社員に求められるスキルはまったく異なっている。それ故、それぞれ異なる採用基準を持って別々に採用を進めている。

このように、組織と顧客が共有する「場」を深めるために、組織やチーム構造自体を見直すことも一つの重要な方策である。

次に、顧客と組織が共有する「場」の密

図4-14　顧客知を組織に浸透させる

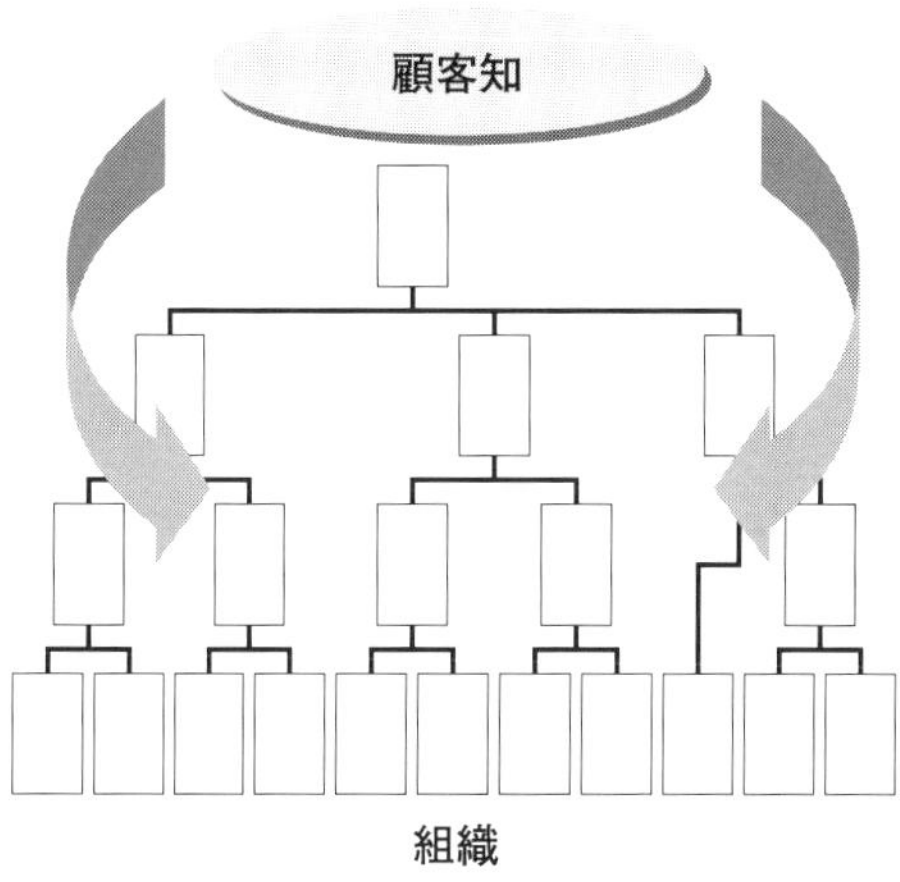

度を上げるためには、ソフト面（知識）からはどのようなアプローチがとれるだろうか。

最近、ナレッジマネジメントという経営コンセプトが流行している。まさに、顧客と共有する「場」から得た知識（ナレッジ）を組織内で共有していく仕組みを工夫しようということである。

ナレッジは、その形式の違いから通常二種類に分けられる。「暗黙知」と呼ばれるデータ化しにくいノウハウや考え方などの知識と、「形式知」と呼ばれる言葉や数値で表現でき、データベース化しやすい知識である。

顧客と共有する「場」から得たナレッジは、クレームであり、コメントであり、要望でもある。また、小売りのようなビジネスの場合は、顧客が交わす会話であり、店内の顧客の動き方そのものであったりもする。まさに生の顧客の声や姿に関するナレッジである。そういった意味で、それらは「顧客知」とも呼べるかもしれない。

貴重な「顧客知」を、あるものは形式知的に、データベース化し蓄積・共有する。また、あるものは暗黙知的に、会議や業務遂行を通じて共有していくなど、双方のアプローチを通じて、組織活動の根底に常に「顧客知」が存在するよう創意工夫していく必要がある（図4-14）。

このように、顧客と組織が共有する「場」の密度を上げる努力を意識的に行っていくことが、マネジャーの「顧客との共鳴力」を鍛えるうえで重要となる。なぜなら、これらの努力が常に顧客起点で考えるクセと顧客との接点を重要視する姿勢をマネジャーに求めることになるからだ。

顧客のイノベーションを取り込む

顧客ニーズが顧客側にあるということは言うまでもない。そして、その顧客ニーズにもとづき、研究開発を行い、製品のイノベーション（革新）を起こしていくのは、その製品を製造するメーカーで行われるというのが一般的な考え方である。

しかし、必ずしもそうでもないようである。顧客と共有する「場」には、顧客のニーズのみならず、それに対する答えを用意している場合も多い。すなわち、メーカー側が顧客ニーズにもとづき、どのような製品やサービスを生み出すべきかを考えなくても、製品コンセプトやサービス形態はこうあるべきだということを顧客自らが教えてくれることが多いようだ。

スルガ銀行の岡野光喜社長は、「すべてのニーズは現場にある。いま最も必要なのは、顧客の声から学び、進化していくという企業文化だ。スルガ銀行の新商品や新サービスは、そのほとんどが顧客の声から生まれたものだ」と語っている。

たとえば、二〇〇一年七月に発売した「特定疾病保障特約付団体信用生命保険付住宅ローン」は、スルガ銀行が国内ではじめて商品化した、いわばガン保険付き住宅ローンである。利用者がローンの返済中にガンと診断された場合はローン残高が半額になる商品であり、顧客の声がそのまま商品になったものである。

また、「昨今、ヘッドハンティングで転職する優秀な人も多いのに、住宅ローンの優遇条件に五年以上同じ企業に勤務していること、という条件があるのはおかしい」といった顧客のひとことが発端で、同企業勤務年数の条件を課さない住宅ローンプランができあがったそうだ。

最近では、自社のホームページにおいて顧客の声を集めて新商品開発に活かす試みや、消

図4-15 イノベーションの発生場所

研究	サンプル	N	イノベーター		
			ユーザー	メーカー	サプライヤー
von Hippel (1976)	科学機器	111	77%	23%	0%
von Hippel (1977)	半導体と電子アセンブリー製造	49	67%	21%	0%
von Hippel (1988)	パルトリュージョン・プロセス	10	90%	10%	0%
	トラクターシャベル	16	6%	94%	0%
	エンジリアリング・プラスティック	5	10%	90%	0%
	プラスティック添加物	16	8%	92%	0%
	工業用ガスを利用したプロセス機器	12	42%	17%	33%
	サーモプラスティックを利用のプロセス機器	14	43%	14%	36%
	電線切断機	20	11%	33%	56%
Shaw (1985)	医療機器	34	53%	47%	0%
Voss (1985)	アプリケーション・ソフトウェア	63	32%	67%	0%

注：合計が100%にならないものは、「その他」としてカウントされたものがあるため。
出所：小川進『イノベーションの発生理論』千倉書房、2000年のp.22表1－1より掲載

費者同士がネット上でこのような商品がほしいというアイデアを出し、メーカーに製造を提案したりする仕組みもあらわれたりしている。

これまでの実証研究によると、実際には製品のイノベーションがメーカーのみならず、顧客やサプライヤーといった他のプレイヤーで発生するケースが多いこともわかっている（図4－15）。極端な場合、製品のイノベーションのほとんどが顧客

で起こっているものもある。

なぜ、このようなことが起こるのか。それは顧客側にも自分が使う製品をよりよいものにしたいという欲求が働くからである。

ある検査機器の例を紹介しよう。

A社は検査機器自体を洗練されたデザインの箱の中に収容することで非常に見栄えがよい製品を提供していた。一方、B社は、見栄えは決してよくないが、検査機器の構造がある程度外から見える、顧客にとっては仕組みが理解しやすい商品を提供していた。

当初、拮抗していたA社とB社のマーケットシェアは、数年のうちに大きくB社へと傾くことになる。理由はきわめて簡単だった。内部の構造が見えるB社の製品に対しては、顧客から製品をこのようにしたほうがよいというさまざまな意見が寄せられ、それらを製品に反映していった結果、製品がよりよいものへと進化したのである。

このように、顧客ニーズのみならず、それに対する答えまでも用意してくれるのが顧客と共有する「場」なのである。この「場」と密着度を上げる工夫をすることで、企業の柔軟性・競争力をさらに高めることが可能となるのである。

人々は「モノ」ではなく「コト」を求めはじめている

最終的には、顧客と共有する「場」そのものを、より顧客にとって意味のあるものへと進化させ、完成度を高めていくという視点が、マネジャーの「顧客との共鳴力」にとってもますます重要となる。

最近、顧客と共有する「場」にこそ付加価値があり、その「経験」に注目するマーケティングの考え方（「経験価値マーケティング」と呼ばれる）の重要性が指摘されることが多くなった。これは喫茶店でのくつろぎの時間やテーマパークでの思い出など、人々が「モノ」ではなく「コト」を求めはじめたということにも一つの要因があると言われている。

先ほど挙げたデルの例で見ても、デルは決して単にPCを売っているのではない。企業理念の中には「あらゆるシーンで、最高の満足体験を」という文句があり、デルは「経験」をも売っているのである。

たとえばデルでは、PCを注文してから届くまで、自分の注文したPCがいまどんな状況にあるのかを、インターネットで確認できる納期自動回答サービス「オーダーステータス」というのを行っている。一日八回アップデート（更新）される情報をもとに、顧客は自分のPCが「生産準備」「製造工程」「国際出荷済」「国際輸送中」「日本到着済」「配送センター出荷済」の六つのどの段階にあるのかを確認することができる。

注文者にとって、モノを注文してからそれを実際受け取るまでの時間は、実に楽しいものだ。この「オーダーステータス」は、そんな楽しい時間をよりよい経験にするための仕組みでもある。

もちろん、デルではアフターサービスも充実している。一つひとつのＰＣのＩＤを伝えることで、そのＰＣの製品情報から過去にあった不具合の記録までがすべてテクニカルサポート社員に把握できる仕組みになっている。その仕組みが、迅速かつ的確なサポートを保証している。

デルは、ＰＣという製品を提供しつつ、顧客と共有する「場」を起点としたビジネスモデルを持ち、顧客と共有する「場」を終点とするビジネスを行っているのだ。そして、その「場」をよりよいものにする努力を、組織全体として継続的に行っている。

この章で議論してきたように、組織の「戦略能力」を高めるためには、マネジャーが正しい「戦略マインド」を持つことが必須となる。「戦略マインド」には二つのポイントがあった。「ビジネスモデル構築・実践力」と「顧客との共鳴力」である。一つ目は、マネジャーが「シンプル」で「整合性」のあるビジネスモデルを考え抜き、組織に埋め込む意志を持つことであり、二つ目は顧客と共有する「場」をすべての中心として据え、そこに組織を密着させ、その「場」をよりよいものとしていくことを目指すことであった。

マネジャーが正しい「戦略マインド」を持ち、組織に積極的に働きかけていくことによってはじめて、「シンプル」で「整合性」のあるビジネスモデルが組織に浸透し、さらには組織と戦略がともに進化をしていく環境への適応力、すなわち、組織の「戦略能力」を獲得することができるのである。

5

CHAPTER

第5章

最強の「組織力」をどうつくるのか

最強の「組織力」を確固たるものとするためには、「組織とは何か」についてもしっかりと理解しておく必要がある。組織はまさに「生物」のようなものである。誕生し、成長し、放っておけば、やがて衰退していくという、組織としてのライフサイクルを持っている。

優れたマネジャーは「戦略マインド」と「オーバーアチーブのためのリーダーシップ」の二つを武器に、自社が組織のライフサイクルを乗り越えていくことを可能とし、自らは「忘れられる存在」になっていくものである。

1 組織のライフサイクル

生き物としての組織

マネジャーが組織文化を変えたい、意味のない会議を減らしたい、CFT（クロス・ファンクショナル・チーム）をつくり縦割り組織の弊害をなくしたいなど、実際に組織を動かそうとしても、なかなか思うようにいかないのが普通である。

そのような場合、組織が組織であるが故に持つ本質的な特徴がボトルネックとなることが多い。「組織の減衰作用」もその一つのあらわれだ。

ここまで、組織の「遂行能力」を高めるために必要となる「オーバーアチーブのためのリーダーシップ」のあり方と、組織の「戦略能力」を高めるために鍵となるマネジャーの「戦略マインド」について議論を行ってきた。ここからは少し、組織の本質とは何かに立ち戻って考察を進め、「組織力」を発揮するために、これらボトルネックをどのように解消していけばよいのかに関するヒントを探っていきたい。そのためにもまず、「組織とは何か」について考えてみよう。

組織は、身のまわりの至る所に存在している。会社、学校、コンビニエンスストアー、町内会など、どれもが組織だ。

しかし、組織は目に見ることもできず、また手にとってみることもできない。たしかに、組織によっては組織図を入手し眺められる場合もあるが、その場合でもそれは組織構造を表しているにすぎず、それが、意思決定のヒエラルキー（階層）すら示していないことも多い。

このような組織という捉えどころのないものを理解するために、組織論の研究においては、これまでさまざまなメタファー（暗喩）が考えられてきた。組織を「機械」になぞらえてみたり、「脳」になぞらえてみたりといった、形あるイメージしやすいものにたとえることで、その特徴を理解しようとしてきた。

筆者は、この変化の激しい現代において、適者生存の競争を行う企業組織を、「組織力」の観点からは、「生き物」として捉えることが最も意味があるのではないかと考えている。企業はその産声を上げてから、まさにヒト、モノ、カネの栄養素を取り入れ、環境に適応し、業績の上下を繰り返しながら成長していくものだ。なかには途中でその寿命を終える企業もあるし、大きな変革を幾度も行って成功する企業もある。まさに、昆虫が、幼虫からサナギへ、そして成虫へと「変態」を行うように、企業は「生き物」として現代を生きているのだ。

組織ライフサイクル

成長する生き物としての組織を、ヴァンダービルト大学教授のリチャード・L・ダフトは、その著書『組織の経営学』の中で、組織ライフサイクルという表現で紹介している。組織の発達過程を四つの段階に分類し、それぞれの段階の特徴を整理している（図5-1）。

第一段階は「起業者段階」である。創業者は起業家であり、企業全体が経営者自身の実質的な守備範囲となる段階だ。この段階では、企業業績は経営者の手腕に大きく依存する。

この段階での危機は、トップマネジメントである起業家がすべてを自分でコントロールできなくなるところから始まる。自ら起業をするカリスマを持つ人物と大きな組織構造を管理・運営できる強みを持つ人物は異なるのが普通だ。この段階で優秀なマネジャーを雇い入れなければ、その先の成長は望めない。マネジャーは、組織の成長の最初の段階から、その重要な役割を担うことになる。

次の第二段階は「共同化段階」である。最初の危機を乗り越えると、組織は明確な目標と方向性を模索しはじめる。この段階で権限委譲による階層構造、職務分担、業務プロセスが形づくられる。この段階は、その後の組織の将来を決める重要な段階である。

図5-1 組織のライフサイクル

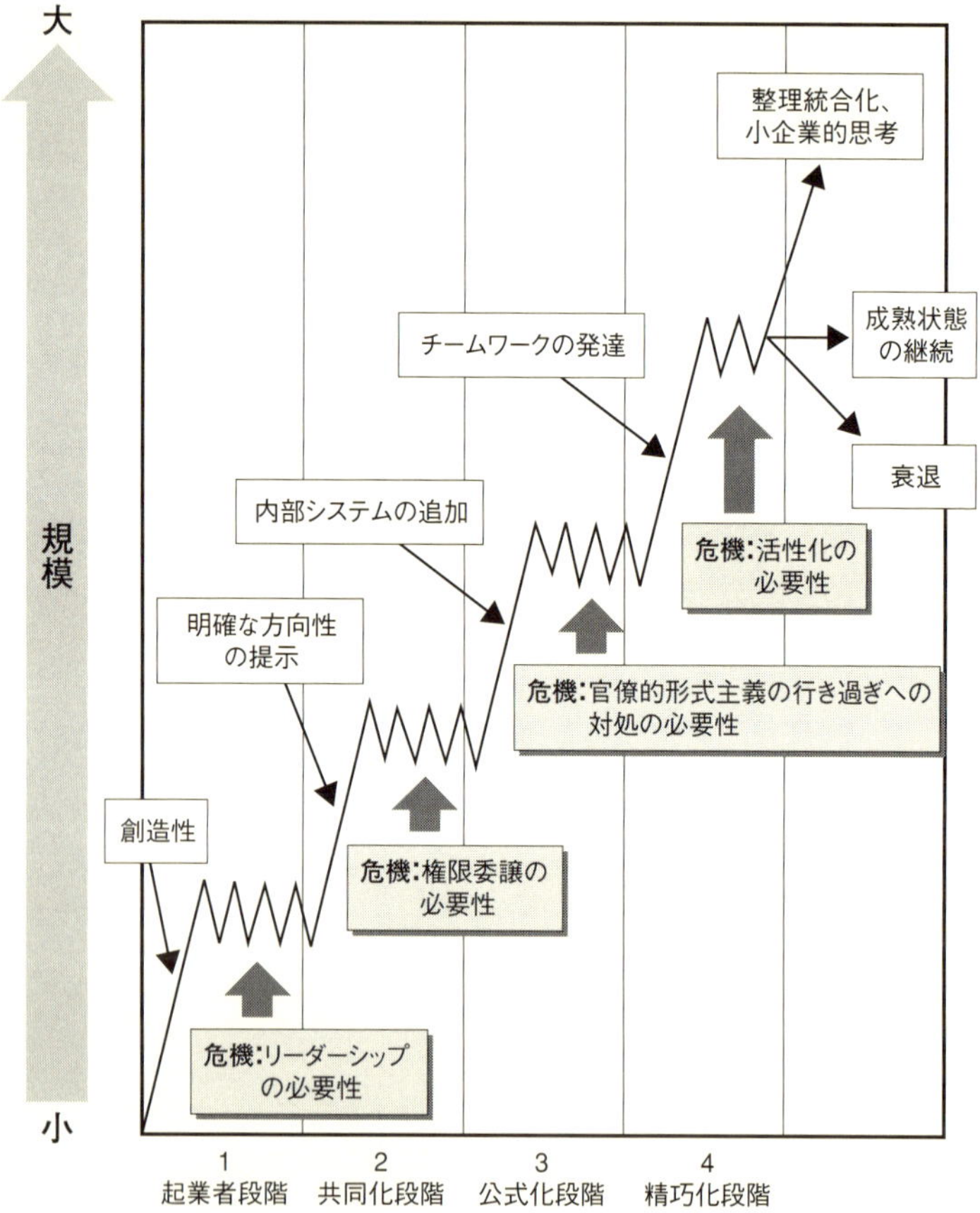

出所：リチャード・L・ダフト（高木晴夫訳）『組織の経営学』ダイヤモンド社、2002年より引用

「QWERTY」という言葉を聞いたことがあるだろうか。これはキーボードの左上のキーの配列である。ご存知かもしれないが、いまあるキーボードのキーの配列は文章をタイプするうえで最適の配列ではない。十九世紀終わりにタイプライターが開発された時、あまり速くタイプするとうまく機械が作動しないため、わざと速くタイプしにくい配列にしたことがいまの「QWERTY」のはじまりである。その後、いくつかのより効率的なキーの配列が提案されたが、結局「QWERTY」が生き残り、デファクトスタンダード（事実上の標準）になってしまっていた。

この「QWERTY」のように「共同化段階」で、いったん非効率なプロセスができあがってしまうと、そのプロセスを修正するのは、簡単なことではない。この段階でできた業務プロセスが適切なものでなかった場合、本来は通常の業務プロセスで扱われるべき事柄が「これは例外、あれも例外」と例外処理ばかりが増え、組織全体の効率が低下していくといった問題が発生することになる。

そして、第三段階は「公式化段階」。公式の手順やルール、コントロールメカニズムが導入される段階である。この「公式化段階」では、組織階層が増え、人事や経理などの機能分化が明確に進むことになる。組織は徐々に肥大化し、官僚的になり、コミュニケーションの密度は必然的に低下する。

この段階では「トップマネジメントはいったい何を考えているのか」「なぜマネジャーは

段階」である。

会社の戦略をちゃんと理解しそれを遂行しないのか」といった相互理解のミスマッチが起こるのが特徴だ。さまざまな仕組みが増え、マネジャー自身も息苦しくなるのがこの「公式化段階」である。

最後の第四段階は「精巧化段階」である。この段階においては官僚制がほぼ完成している。官僚制というと悪いイメージが付きまとうが、官僚制とはそもそもルールと手続き、専門化と分業といった特色を持つということであり、官僚制そのものは問題ではない。問題は官僚制ではなく、官僚主義の行き過ぎなのだ。この段階の組織は、継続的に組織の活性化を意識的に行わなければ、環境に適応できなくなったり、動きが鈍くなったりしてしまう。

いま紹介したような組織ライフサイクルの概念は、必ずしも企業全体だけの話ではない。個々の事業部や部門にも当てはまる話である。どちらかというと、同じ企業内にあっても部署ごとにライフサイクルの段階は異なる場合が多い。マネジャーは自社組織が成長のどの段階にあり、自部署がどの段階にあるのかを、まず、きっちり意識することから始める必要がある。

組織の「変態」を乗り切る

組織上の課題は、各段階を登っていく際に発生することが多い。そのため、それぞれの段階に合わせた対策をとることが必要になる。

第一段階の未成熟な「起業者段階」においては、トップマネジメントとマネジャー間、あるいは、マネジャーとメンバー間で、職務分担を明確にしていくことに力を入れなければならない。第二段階、機能分化が始まる「共同化段階」では、複雑になりがちな業務プロセスをできるだけシンプルなものにすることが課題解決につながる。

また、第三段階の官僚化が進展する「公式化段階」では、組織内のコミュニケーションをどれだけ意識的に行っていくかがとくに重要だ。第四段階「精巧化段階」で官僚主義が行き過ぎてしまった場合は、通常、大胆な再活性化のための（痛みを伴うことになるが）破壊と創造が必要となる。

組織変革で陥りやすい三つの「罠」

組織の課題を克服する対策をとる際に、陥りやすい「罠」が三つある。その三つのポイントに注意をしつつ、マネジャーは組織がライフサイクルの階段を一つずつ登る「変態」を乗り切っていかなければならない。

❶ 組織の「段階」を見誤る

まずは、先ほど述べたように、いま自分の組織が、組織ライフサイクル上のどの段階にいるかを見誤らないことである。ただ、必ずしも経過した年数でその組織の成長段階が決まるわけではないことは気をつけなければならないことだ。創業後一〇年経っても「起業者段階」の企業もあれば、わずか数年で「共同化段階」へと進んでいる企業もある。間違った認識のもとに対策をとると、かえって逆効果になりかねない。

たとえば「起業者段階」にあり十分な業務プロセスが確立していない段階にあるにもかかわらず、トップマネジメントが「組織が官僚的だ」「縦割り組織だ」と世の中でよく言われている解釈をそのまま持ってきて騒いでみても、逆に非効率が増大し逆効果である場合もある。そのような場合には、まずはいったんマネジャーにきっちり権限委譲を行い、マネジャーがしっかりとした業務プロセスをつくることが先決となるのだ。

❷ スピード感を見誤る

スピード感を見誤らないことも大切だ。

組織変更など大がかりな変革こそ、緻密にスピーディーに行わなければならない。逆に、組織文化の変革のような、ソフトな課題を扱う場合は、対策を講じても効果にタイムラグが生じるのを十分認識したうえで、忍耐強く行わなければならない。

これを卑近な例で言うと、「手術」は迅速に行わなければ、出血や体力低下を招くことになるが、「薬」は飲んで効果が出るまで多かれ少なかれ時間がかかるので、一錠飲んで効き目がないと思い焦って何錠も飲めば思わぬ副作用を招いてしまう、というのに近いかもしれない。

❸打ち手の間に「整合性」をとらない

いくつかの打ち手を講じる際には、それぞれの打ち手の間の整合性を確保することも大切だ。

組織を診断する際には、よく七つの「S」によるフレームワークを用いることがある（図5-2）。いまから実施しようとしているいくつかの打ち手が相互に矛盾を抱えていればうまくいくはずもない。

たとえば、大量に新人を採用し、かつ個々人の生産性を大きく改善しようとすることは、スタッフ面での打ち手がスキル面での目的に大きなマイナス影響を与えることになり、実現には大きな困難がともなうことになるといったようなことである。

このように七つの「S」というフレームワークに照らし合わせてみて、それぞれの打ち手

図5-2　組織の7S

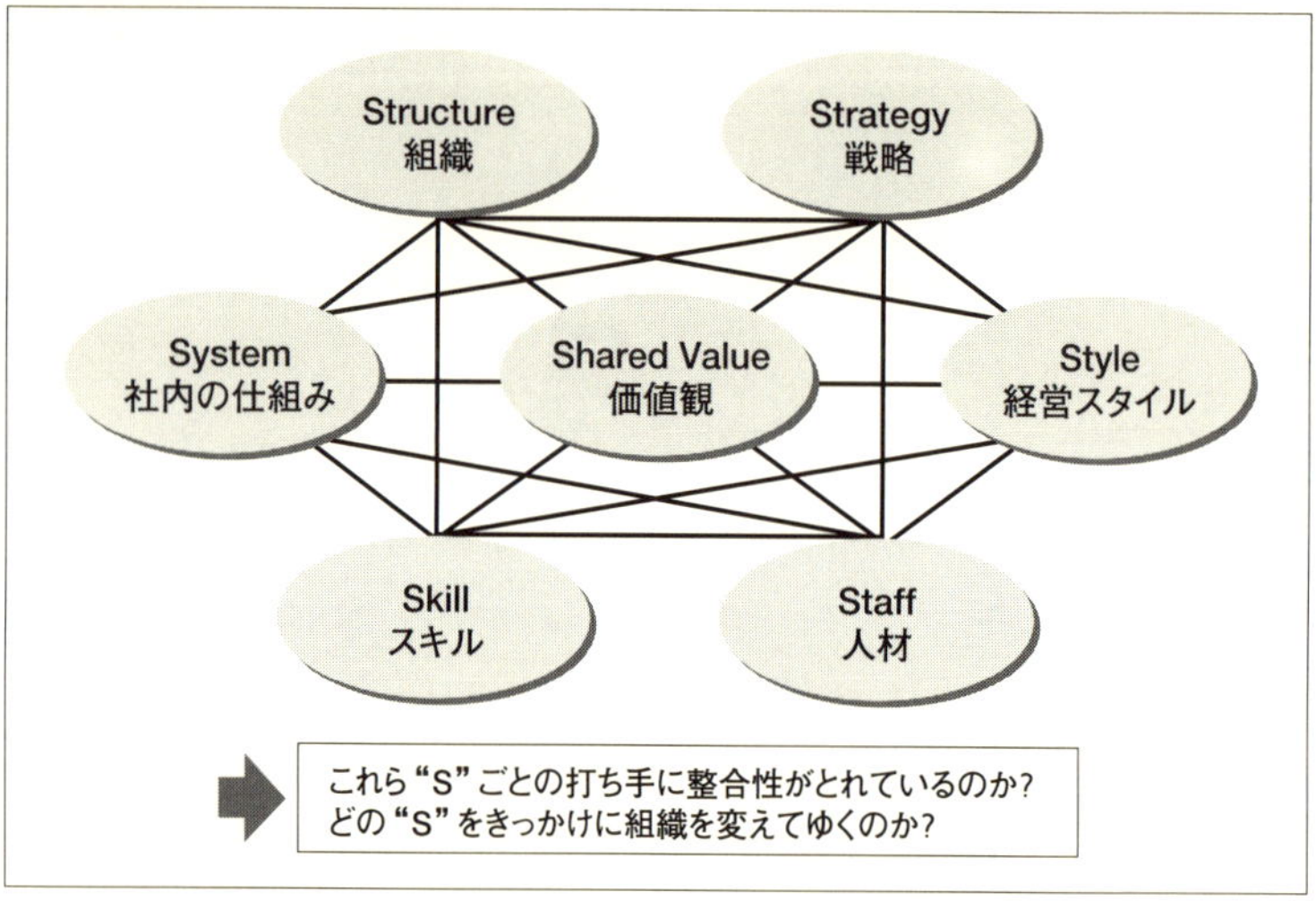

の間に「整合性」がとれていないようであれば、かえって組織に混乱をもたらすことにもなりかねない。

かつては、急速なグローバル化やインターネット化もなかったため、組織の段階的な成長は比較的ゆっくりと進展していた。しかし、一人の人間が、これらの組織の段階的成長をいくつも乗り越えていかなければならないスピードある時代になってしまった現在、マネジャーはこれらの課題を避けて通ることはできないのだ。

組織の腐敗はここで見分ける

組織には、放っておくと徐々に腐っていく傾向がある。組織の活力がなくなり、組織内に無意味と思えることが増殖する。最終的には利益を上げる力を失うか、なんらかの問題を起こし組織が消えてなくなってしまう場合も多い。かつての優良企業が産業再生機構入りするケースなど、最近ではそのような事例に事欠かない。

組織の腐敗が始まると、組織内で以下のような声が聞こえてくるようになる。

- 現場で提案書を一生懸命つくっても、トップマネジメントやマネジャーはあれこれ文句を言うばかりで決めてくれない。かといって現場では決めさせてもらえず、努力がすべて無意味になってしまうか、物事がなかなか前に進まない。
- この件に関しては、A部とB部を通したうえで経営会議にあげないといけないが、A部の部長とB部の部長は折り合いが悪く、二人の間の議論で止まってしまう。その調整に莫大なエネルギーが必要となってしまう。
- 無意味で何も決まらない会議が多い。誰が決めたかわからない複雑で無意味な規則が多い。
- 内向きな仕事が多い。何も付加価値を出していない人が多すぎるように思える。

本来やらなければいけないこと、耳を傾けなければいけないことから離れた「無意味なこと」が増えてきたら、組織の腐敗が始まっている可能性があるので要注意である。組織が完全に腐敗しきってしまうと、「組織力」を取り戻すためのマネジャーの努力は並大抵のものではない。そうならないためにも、マネジャーは組織の腐敗のメカニズムを十分理解し、腐敗が進行しないように注意を払う必要がある。

沼上氏の組織腐敗のメカニズム

組織の腐敗のメカニズムに関しては、沼上幹氏（一橋大学教授）がその著書『組織戦略の考え方』（ちくま新書）で詳しく考察を行っている。非常に中身の濃い本なので一読をすすめるが、ここで簡単に概要を紹介しておきたい。

❶ フリーライダー（ただ乗り者）

沼上氏はまず、組織内の「フリーライダー（ただ乗り者）」の発生から議論を始める。これは、第2章で説明した「力の減衰」と同種の問題である。フリーライダーとは誰かがつくってくれた集合財や公共財に、自分自身が貢献していないにもかかわらず、便益を享受する人たちである。

こういう「フリーライダー」の人たちが増えてくると、おのずと組織は劣化していく。「会社がうまくいっていて、それなりに高い給料がもらえるのなら、仕事の手を抜いたほうが得だ」と考える人間が増殖すると、組織に貢献している人間は全体の中のほんの一握りとなってしまうからだ。そうなると、本来発揮し得る「組織力」を実現することはかなわない。

それを『組織戦略の考え方』では、組合の例を挙げて説明を行っている。組合費を払わなくても、組合活動によるメリット（たとえばきれいなトイレを使えるなど）を誰もが享受できると、まともに組合費を払っている人がばからしくなってくる。そうなると、だんだん組合費を払わない人が増え、組合自体の存在意義が危うくなっていくのだ。

この「フリーライダー」の問題を解決する手段は、確実ではないが単純ではある。賃金と昇進以外にも多様なインセンティブを用いて、真のエリート層に続く、フリーライダーではない中間層を増やしていくことしかないようである。

❷ トラの権力とキツネの権力

次に、権力の歪みの視点から「トラの権力」「キツネの権力」という表現を使って、それらが増えることにより、組織の腐敗がさらに進行していくメカニズムを説明している。

「トラの権力」とは「厄介者の権力」であり、「理詰めの議論が通じない。すぐ拗ねたり、会議の場で大きな声を上げてすごんで見せたりする。何かと言えば大騒ぎをして社内外に誹謗中傷をふりまいて歩く」（本文より引用）ような人が持つ権力である。社内に大人しい優等生が増えると、この厄介者の理不尽が通ってしまい、やがて組織全体が理不尽であることにすら気づかなくなっていく。

「キツネの権力」とは権力者と普通の人々の間をとりもつ「メッセンジャーの持つ権力」である。キツネは、その権力者に会いに行ける唯一の人間であることを権力基盤とする、まさにトラの威を借るキツネの権力である。彼らは「会社のため」「顧客が要求するから」「社長の意向だから」というさまざまなトラの主張を借りて、事実関係に関わりなく「自分のため」を通していこうとする人たちだ。

これら歪んだ権力の発生を防ぐ方法は、できるだけ調整役的なポストはつくらない、外圧を利用するような議論の文化をつくらない、自分自身の賛成・反対の考え方をはっきりと持ち、直接トラに交渉できるくらいの人材を増やしていく、といったことが重要となってくる。

❸ 社内政治家と仕事のための仕事

最後は、「ルールの複雑怪奇化」によって、ルール運用のプロである「宦官」すなわち「社内政治家」が増殖してくるという問題である。

また、「成熟事業部の暇」によって、「無用な内向き仕事」が増殖するという問題もある。

「成熟事業部の暇」とは、成熟事業が本来一番儲かっており、また最も会社において伝統と権威を持つ事業であることが多いため、難しくチャレンジングな業務がほとんどないのにもかかわらず、そこに優秀な人材が囲い込まれてしまうことから始まる。優秀な人が暇な業務に就かされるために、無意味な内向きの、仕事のための仕事をつくり出してしまうことが往々にして発生してしまう。

フリーライダーが増え、トラとキツネの権力がはびこり、ルールの複雑怪奇化と内向き仕事が増殖すると、その組織の腐敗は決定的なものになる。組織が最悪の状態にまでなってしまうと、あとは既存の秩序の徹底的な破壊と再創造しかない。

「無意味なことが増えてきた」という声があちらこちらで聞こえるようになってきたならば、それは組織にとっての黄信号である。

組織の本質に関わる三つのシミュレーション

組織のライフサイクルと並んで、このような組織の腐敗は、好むと好まざるとにかかわらず、組織に忍び寄る影であり、組織にとって「宿命的」なものである。組織は個人一人ではできないような大きなことを達成する力を生み出す一方で、組織であるが故に抱える本質的な課題もあるのだということを認識しておかなければならない。

最近では、世の中や組織が、どのように・なぜそう動くのかを探るために、コンピュータによるシミュレーションが行われることが多い。コンピュータ上で「実験」を行うことで、物事の裏に潜む真理を見つけ出そうという試みである。

ここでは、とくに組織の動きや、マネジャーにとって示唆のあるコンピュータ・シミュレーション結果を三つほど紹介し、「組織とは何か」という本質的課題についての理解を深めていきたい。

❶ 派閥形成

おそらくどの会社にも、多かれ少なかれ「派閥」が存在するだろう。学閥もあれば、もっとあいまいでインフォーマルなものもある。

このような社内ネットワークは組織内のコミュニケーションを促進し、有効に機能する場合も多々あるが、時には限られた情報にもとづく誤解やうわさの再生産の場になったりもする。また、その派閥が「抵抗勢力」となって組織の動きを止めてしまったりするなどの問題を生む場合も多い。

どうして、このような「派閥」が形成されてしまうのだろうか。「誰かが中心となって派閥をつくろう」といった動きから「派閥」ができあがってくるケースは少ないのにもかかわらず、だ（もちろん、政治の世界を除いてである）。

その「派閥形成」について、次のようなシミュレーションの結果がある。

図5-3　些細なことから生まれる派閥

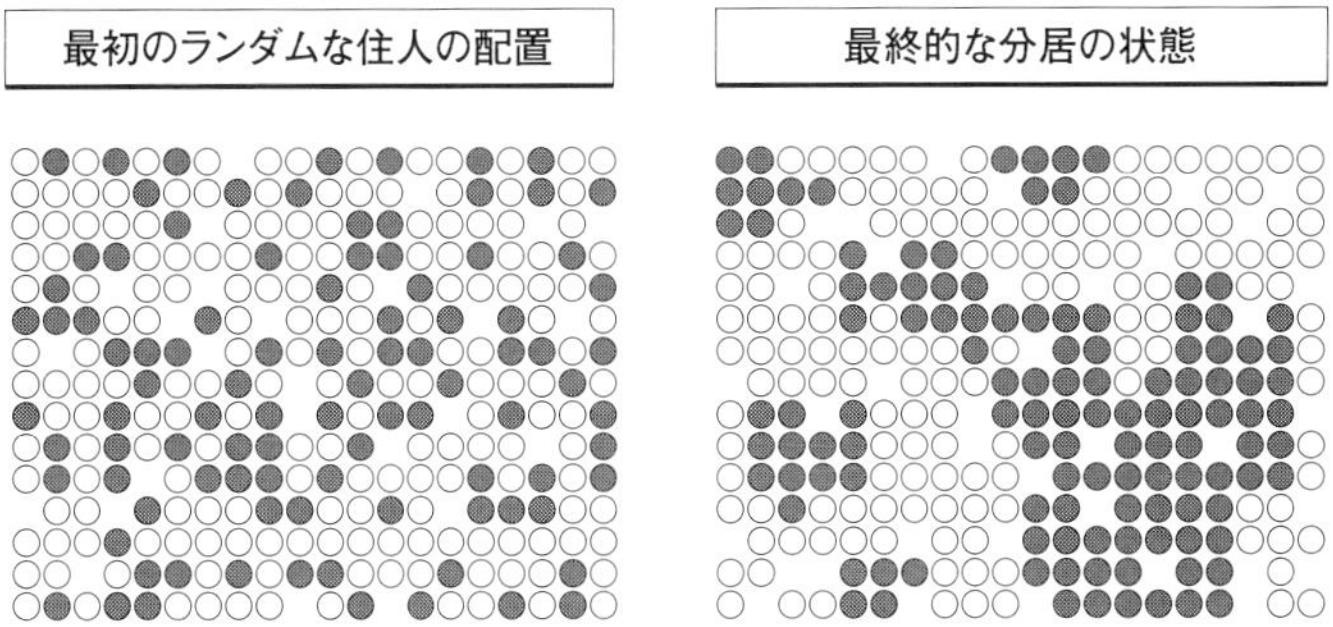

出所：ジョシュア・M・エプスタイン、ロバート・エクステル『人工社会』構造計画研究所、1999年、pp.168-175に紹介されていたShellingの分居モデルの修正モデルを基に筆者が作成

まず、図5-3左のようにコンピュータ上に二次元（平面）の世界を作成し、そこに二つの異なる「色」を持った住人（エージェント）をランダムに配置する。そして、その住人にほんの少しだけ自分と同じ色を好む性格を与えたうえで、住人が移動できるようにすると、図5-3右のような分居のパターンを生み出してしまう。

驚くことに、住人の中の「色盲（すなわちまったくランダムに動く住人）」の人の比率を高くしても、同様なパターンがあらわれる。誰かが中心に立って、積極的に派閥（この場合は分居）を形成しようとする意図がなくても、ほんの少しだけ同質なものを求めようとする人間の性向が、いとも簡単にある種の固まり（すなわち派閥）を形成してしまうのである。

一九九二年、ユーゴスラビア連邦の崩壊とともに、ボスニア・ヘルツェゴビナが独立した。これなどは、先ほどのシミュレーションの例のように、民族を抑圧していた力が弱まった結果、本来の選好にもとづくランドスケープ（地勢、あるいは景観）が一気に噴出した好例である。程度の差はあれ、企業内でも同じことが起こっている。強いカリスマを持った経営者が去ったあとで、組織が二分、三分し、それぞれの集団がバラバラの方向を向いてしまうようなケースなどもそれに当たる。

最初の二つの「色」がランダムに交じりあった状態と、最終的に行き着く二つの「色」が分かれてしまう状態は、明らかに異なる状態である。難しい言葉遣いになるが、このような最初の状態や、最後の状態を「相」と呼び、この「相」が変化することは「相転移」と呼ばれている。

最も身近な「相転移」の例は水（H_2O）であろう。水の「相」にもなれば、氷や水蒸気の「相」にもなる。同じ水（H_2O）であるにもかかわらず、「相転移」によってそれらの持つ性質はまったく異なってしまうのだ。

組織の成長段階を登っていくことも、この派閥形成も、ある意味、組織の「相」が変わってしまうこと、つまり「相転移」であると言える。組織を構成するそれぞれの人々に大きな変化がなくても、ほんの些細なことの積み重ねで組織全体の振る舞いを表す「相」は変わっていくものなのである。

❷ 組織文化

皆さんはゲーム理論における「囚人のジレンマ」という話を聞いたことがあるだろうか。「組織文化」について説明する前に、まずは「組織文化」形成の議論の土台となるこの囚人のジレンマについて簡単に説明しよう。

いま仮に、ＡとＢが共同で犯罪を行い、警察に捕まってしまったとする。二人は別々の取調室に入れられ、追及を受けることになる。二人とも黙秘すれば、この犯罪自体を立件することはできないが、余罪を追及され、それぞれ懲役二年が科せられる。

一方、二人とも自白すれば、本件が立件されることとなるが、自白したことを情状酌量されてそれぞれ懲役四年。一方、Ａが自白しＢが黙秘した場合、Ａは自白したことを情状酌量され釈放。Ｂは黙秘したまま立件され懲役六年になってしまう（図５‐４）。

ともに黙秘をすれば二年という軽い刑で済むが、自分だけ自白すれば釈放されるチャンスもある。しかし、相手も自白していた場合は、四年の刑が待っている。もし、万一相手が自白し自分が黙秘すれば六年の刑という最悪の結果になってしまう。相手が自白しないという保証がない以上、自分の損得だけを考えると、どうしても自白の誘惑に勝てなくなってしまう。

図5-4 囚人のジレンマ

		容疑者B	
		黙秘する（協調）	自白する（裏切り）
容疑者A	黙秘する（協調）	A: 懲役2年　B:懲役2年	A: 懲役6年　B:懲役0年
	自白する（裏切り）	A: 懲役0年　B:懲役6年	A: 懲役4年　B:懲役4年

そうなると、お互いに黙秘すれば二年ですむところが、結局、二人とも自白してしまうことになり四年の刑になってしまう。これがゲーム理論における囚人のジレンマである。

これは、二人だけの一回限りを想定した囚人のジレンマのゲームであるが、これを複数人数によって繰り返し行うゲームに拡張し、コンピュータ上でシミュレーションを行えばどうなるだろうか。つまり、AからZまでのプレイヤーを想定し、AとBで一〇回、AとCで一〇回、BとCでも一〇回というように、すべての総当たりで先ほどの囚人のジレンマのゲームを行ってみるのである。そして、それぞれのプレイヤーの懲役年数の合計を競うのだ。もちろん、合計年数の少ないほうが勝ちである。

そこでは、さまざまな戦略が考えられる。たとえば、自白しつづける、黙秘しつづける、相手が三回以上自白すると自分も自白する、などである。

それらの戦略の中で最も強かった（合計懲役年数が少なかった）のは「しっぺ返し戦略」と呼ばれる戦略だ。それは相手が自白すれば次回は自分も自白し、相手が黙秘すれば次回は自分も黙秘するという、非常に単純な戦略なのである。

長期戦の場合には、この「しっぺ返し戦略」のように、相手が裏切ったら（この場合は自白）それに対する報復を行い、相手が協調（この場合は黙秘）する限りにおいては、自分も協調するという、協調をベースとしたシンプルな戦略が有効であることを示している。

この「しっぺ返し戦略」は、相手に戦略を理解してもらいやすく、相手に対して協調したほうが得であるというメッセージを送るという効果をもたらす。結果、相手からの協調を引き出せて、長い目で見て競争優位を持つ戦略となるのである。


次に、二人から複数人数間へのゲームへと広げ、かつ、各プレイヤーが、まわりの状況を見ながら学習し、自分の戦略を変更できるようなゲームへと拡張した場合はどうだろうか（このようなコンピュータ・シミュレーションの分野は「人工社会」と呼ばれている）。

面白いことに、当初は裏切ることを基本戦略とした「裏切り種族」が優位となるが、懲役年数などで適切な条件設定を行うと「裏切り種族」が優勢な「裏切り」中心の社会（相）から「しっぺ返し種族」が優勢な「協調」中心の社会（相）へとある一定時間経過後に自然と

図5-5 “しっぺ返し種族”と“裏切り種族”の人口の世代変化

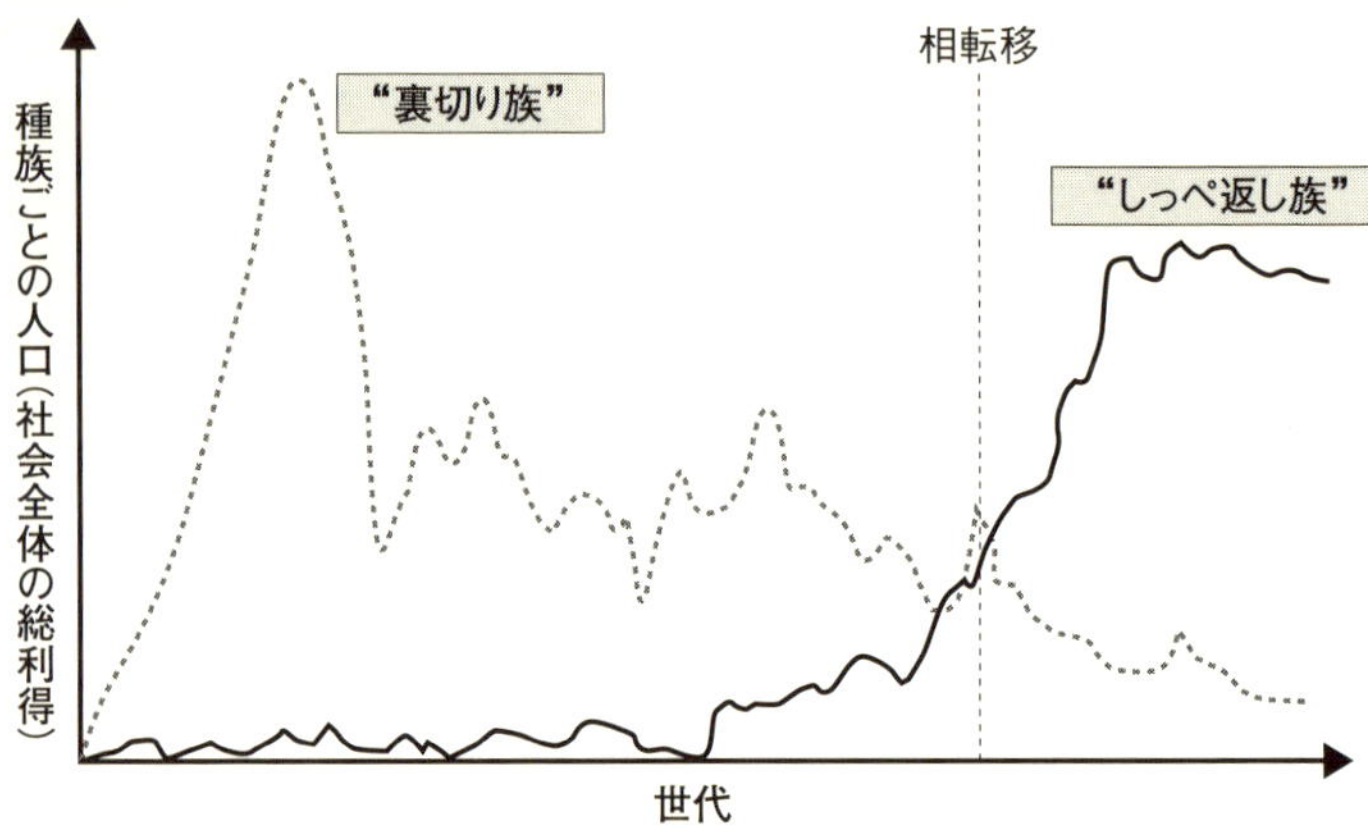

出所：星野力、一野瀬昌則、徳永幸彦「遺伝的アルゴリズムによる動物行動戦略の学習と進化」北野宏明編『遺伝的アルゴリズム』産業図書、1993年、pp.287−322を基に筆者が作成

相転移していくのだ（図5−5）。

実際、「裏切り種族」が優位な社会における社会全体の総利得よりも、「しっぺ返し種族」の優勢な協調を中心とした社会における社会全体の総利得は大きく、皆が幸せになる社会が実現することとなる。

組織全体が協調をベースとした風土を獲得し、その利得が最大化されるような組織文化の「相」ができあがるまでは時間がかかるものである。協調することの重要性を認知させるような取り組みを継続的に辛抱強く行うことの重要性が、ここからわかるだろう。

③ メダカの学校

魚や鳥の群れを見て、あの優雅で協調性のある動きに感動を覚えたことはないだろうか。誰かが中央にいて、こう動けという指示をするわけでもないのに、まるで全体が一つの生き物のような振る舞いを見せている。

どうしてあのような動きができるのか。実は、コンピュータ・シミュレーションによって、これらの動きは、個々の魚や鳥が非常に単純なルールにもとづき動くことで成り立っていることがわかっている。その単純なルールとは、以下のような三つのルールである。

1. 他の鳥・魚や障害物との距離をある最小値に保とうとする。
2. 他の鳥・魚と速度を合わせようとする。
3. 群れの重心に近づこうとする。

図5－6には、クレイグ・レイノルズ氏によって作成された「ボイド」と呼ばれるコンピュータ内の鳥の群れが描かれている。障害物をよけながら飛ぶ様子や、空高く舞い上がる様子がシミュレートされている。

これを組織に置き換えてみると、個々のメンバーが他のメンバーと「協調」し、求心力を持って個々が自由に動ける時、組織の持つ柔軟性や適応性が生まれてくるということにたとえられよう。

図5-6 ボイドのシミュレーション画面

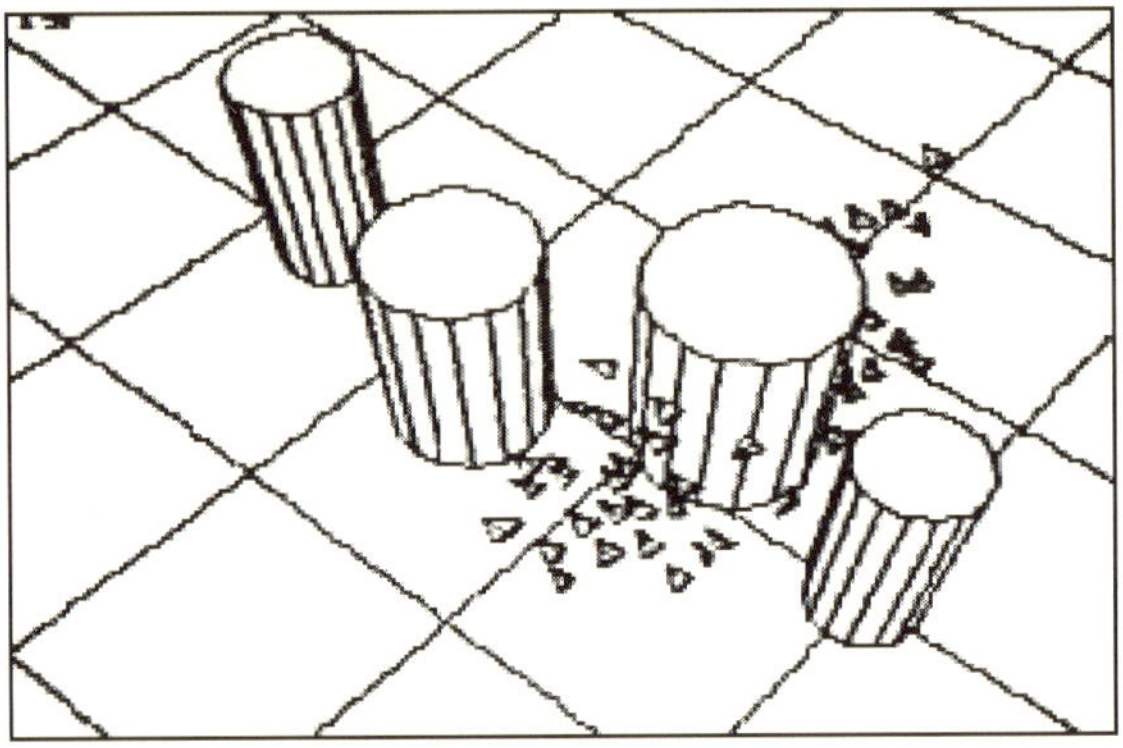

ボイドが障害物を避けながら飛ぶ様子

ボイドが空高く舞い上がる様子

出所：Reynolds, C. W. (1987) Flocks, Herds, and Schools: A Distributed Behavioral Model, in Computer Graphics, 21(4) (SIGGRAPH '87 Conference Proceedings) pp. 25-34より引用

実はこのような現象は、世の中の至る所に存在している。それは一般に「創発」と呼ばれる現象だ。

「創発」とは、全体を構成する個々の要素が、それぞれの関わり合いのある範囲内で個別に動くことによって、全体の大きな秩序・規則性、あるいは、個々の要素のレベルには存在しない新しい性質が生まれてくることを指す言葉である。

たとえば、リンゴも「創発」現象の賜物だと言える。リンゴはいろんな有機物によってできている。しかし、たとえば皮は薄く赤く、歯ざわりはサクサクしているなどのリンゴの持つ特徴は、リンゴを構成する個々の有機高分子の説明を寄せ集めるだけでは語ることはできない。リンゴの特徴は、リンゴを構成する物質が織りなす非常に微妙な関係と全体のバランスの中で生まれているのである。リンゴはリンゴであって、有機高分子に分解してしまうと、もはやリンゴの持つ特質は見当たらない。

経済活動の中にも、そのような多くの「創発」現象があふれている。貨幣の誕生などもその好例だ。最近のコンピュータ・シミュレーションによる研究から、次のようなことがわかっている。

個々の人間が自分の欲求をそれぞれ最大限満たそうとすると、人々は徐々に物々交換を始める。面白いことに、やがて人は、自分が欲しくないものでも、多くの人々が欲しがっている商品を自分も求めるようになる。なぜなら、そのような商品を持つことで自分の欲しい物を手に入れる機会が増えるからだ。そして、その多くの人が欲しがるものが「貨幣」としての機能を担うことになる。

まさに「貨幣」が創発的に誕生するのである。

このような「創発」という考え方は、マネジャーにとって非常に大きな示唆を含んでいる。それは、個々の構成要素の局所的な動きが全体の振る舞いを決める力を持つということだ。すなわち、組織構成要素であるマネジャー、あるいはメンバーの個々の動き方、あるいは非常にシンプルないくつかの行動指針が、結果的に組織全体の大きな動きを支配する力を持つという示唆が、ここから導き出される。

「戦略マインド」の視野を広げる

組織の「戦略能力」とは、組織と戦略がともに進化するための、顧客を起点とするビジネスモデルを構築し、継続的に適応させていく力であった。

このような「戦略能力」を鍛えるためには、「シンプル」で「整合性」のあるビジネスモデルを組織に埋め込むことが必要だ。組織はそれにより、一本筋の通った強さと環境変化に対する適応力を持つことができるようになる（これが組織の「戦略能力」の第一段階であった）。そして、そのビジネスモデルが顧客と共有する「場」と密着し進化していくことで、さらにその組織は競争力を高めていくことができる（第二段階）。

第4章で議論をしてきたように、この組織の「戦略能力」を支えるのがマネジャーの正しい「戦略マインド」であった。すなわち、「シンプル」で「整合性」のあるビジネスモデルを考え抜き、組織に埋め込む「ビジネスモデル構築・実践力」、常に顧客起点で考え抜くマネジャーの「顧客との共鳴力」を足し合わせたものである。

一方で、組織は潜在的に「戦略能力」を阻む「落とし穴」も孕んでいる。それは、先ほど説明した「成長段階での過ち」「腐敗していく傾向」「裏切りの誘惑」「派閥の形成」などである。しかしながら、組織は人の集まりだ。「メダカの学校」のところでみたように、組織に所属する人それぞれが個々にどう動くかによって、組織全体の動き方は大きく変わってくる。その意味において、「落とし穴」を回避する鍵をにぎるのも、やはり、マネジャーの正しい「戦略マインド」なのである。

組織は、社会からヒト・モノ・カネをあずかり、顧客に対して製品やサービスを生み出していくシステムであり、しかも、見ることもさわることもできない複雑な存在だ。そして組織は、そのライフサイクルに合わせて「変態」を行っていく（図5-7）。

そのような捉えどころのない複雑な組織を理解し、組織が本質的に用意している「落とし

図5-7 オープンシステムとしての組織

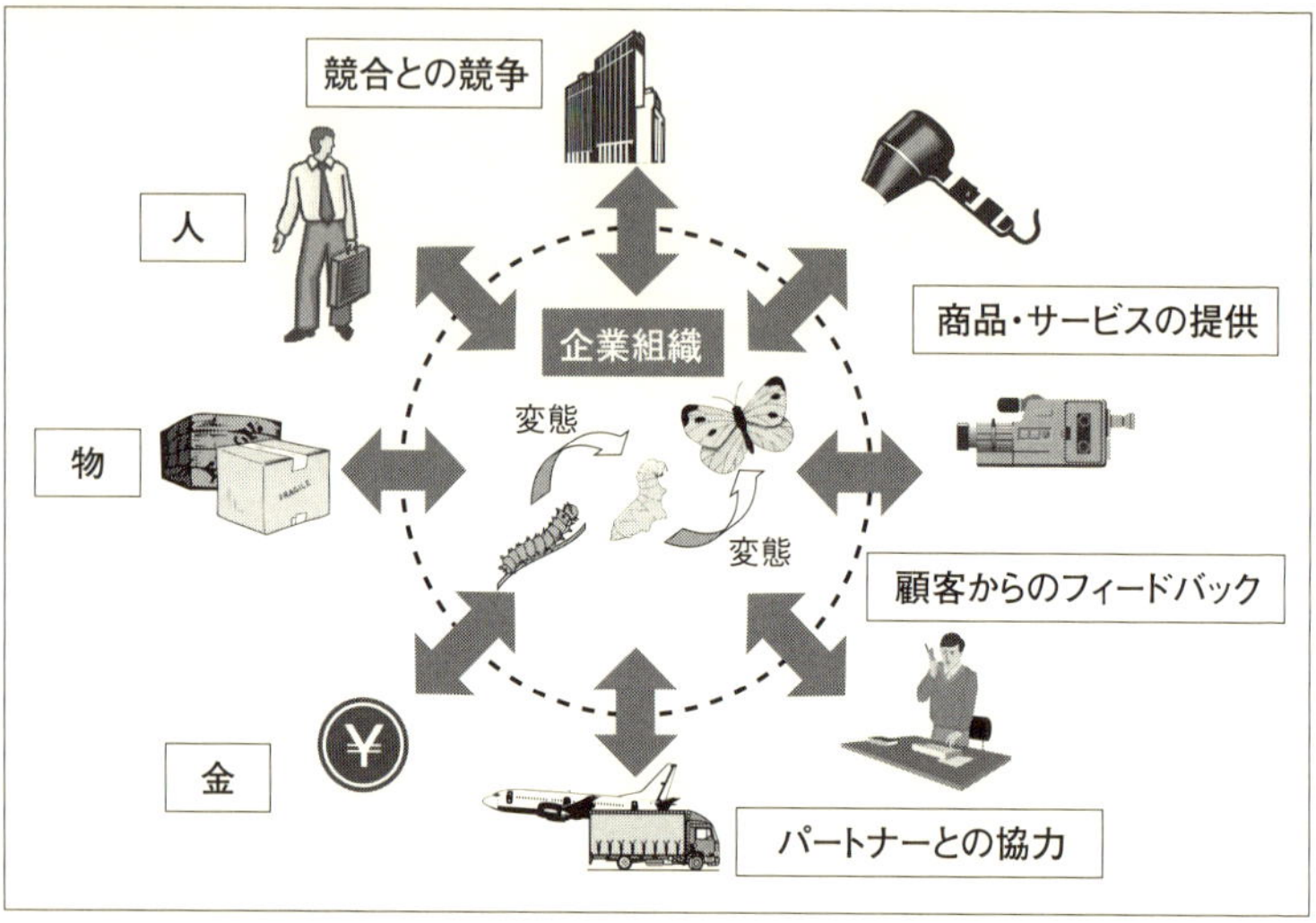

穴」を回避していくためには、できるだけ、物事を多面的に見て、重要な要素を見落とすことなく「戦略マインド」をフル活用しなければならない。

前述の組織の本質に関わる三つのシミュレーションを踏まえ、そのための重要なポイントを三つ挙げておこう。

❶関連性・整合性の観点から物事を眺める

まず関連性・整合性の観点から物事を眺めることが大切だ。

組織を対象とする以上、個々の人や事象よりも、それらの人や事象がどのように関わり合いを持っているかのほうに真理があると考えるべきだ。なぜなら、その人自身がどのように振る舞い他の人にどう影響を与えるかが、組織の動きを大きく左右するからだ。「組織文化」に関するシミュレーションはそれを如実に物語っている。

また、「シンプル」で「整合性」のあるビジネスモデルを構築する際も、顧客と自社、あるいは競合との関係性・整合性を考え抜くことが重要であった。

「戦略マインド」においては、関係性や整合性を見ようとする姿勢が重要である。

❷「木を見て森を見る」

「木を見て森を見る」ことも必要だ。

よく「木を見て森を見ず」と言われ、全体を見ることの重要性が強調される。しかし、「本当に何が起こっているか」を理解するためには、「メダカの学校」のところで述べたように「創発」した全体像をそのまま全体として理解することに加え、その現象を起こしている個々のレベルでの動き方も見なければならない。なぜなら、全体の振る舞いを決めているのは個々のルールや動き方にあるからだ。

木と森の双方を見なければ、組織の本質は見えてこない。

❸パターンで認識する

パターンで認識することも重要だ。

組織は何かをきっかけに「相転移」を起こし、組織の動き方のパターンが大きく変わることがある。たとえば、ヒット商品が生まれたり、トップが替わったり、あるいは収益が悪化した時など、それをきっかけに、組織の中に隠れ、くすぶっていたダイナミズムが良いほうにも悪いほうにも大きく表に噴出してくることがある。組織の風通しがよくなってきたとか、意思決定がスピードダウンしてきた、といったパターン変化の予兆を、アンテナを張り、捕捉できるようにしなければならない。

これら「戦略マインド」の視野を広げるためのポイントは、実は、複雑系の科学と呼ばれる学問領域に大きく関連している。この章で紹介したコンピュータ・シミュレーションの例もすべて、複雑系の科学における研究にもとづくものである。

複雑系の科学は、過去四半世紀にわたって、さまざまな学問分野にまたがる形で発展してきた。おそらく、どこかで「カオス」「フラクタル」「人工生命」「複雑系経済学」などの言葉を見聞きしたことがあるのではないだろうか。これらはすべて、広い意味での複雑系の科学に含まれる。

これまでの科学のアプローチでは、「観察できる事象を構成要素に分解し、その構成要素を一つひとつ理解することによって全体を理解する」といった「要素還元主義」と呼ばれる方法論が主流であった。それに対し、「創発」現象を扱う複雑系の科学のアプローチでは、さまざまな事象をその構成要素の相互作用として全体的に理解しようとするアプローチがとられるのである。

それら複雑系の科学を経営学へ適用する試みは、まだ途についたばかりである。ただ、そもそも企業組織は複雑系の最たるものだ、ということもまた事実である。

複雑系である組織を理解するためには、構成員の性格や特徴、社内規則の個々の条文を分析しただけでは不十分である。組織全体の振る舞いを理解することや組織の抱える課題に答えるためには、人と人の相互作用のあり方に深く目を向ける必要があるのだ。

マネジャーの「戦略マインド」の幅を広げるうえで、今後の複雑系の科学の進展と経営学へのさらなる適用は、新たなるヒントや視点を提供してくれることだろう。

2 最強の「組織力」とリーダーシップ

戦略マインドとオーバーアチーブ

「組織の減衰作用」に歯止めをかけ、完遂し、結果を出す。さらには、人を育て減衰から増幅へとオーバーアチーブする組織をつくり上げる。そのためには、日々の業務の中で、着実に経験や実績を積み重ね、人を育てなければならない――このような態度は、さながら、ライフルを持ってジャングルに分け入り、猛獣を倒しながら、一瞬一瞬、着実に前進していくことにたとえられるかもしれない。

それに対し、正しい「戦略マインド」は、環境や顧客ニーズの変化を理解し、組織の進むべき方向性や方法論を見つけ出す力である。まさに、高台からジャングルを俯瞰し、地図と磁石を片手に出口を探し、そこに至る道筋と計画を練り上げることにたとえられる。

このいずれに失敗しても、「ジャングル」から生還することはできない。マネジャーはリーダーとして、「オーバーアチーブのためのリーダーシップ」と「戦略マインド」を鍛えなければならないのである。その先にこそ、期待を超える組織の「遂行能力」と、組織・戦略がともに進化する「戦略能力」を備えた最強の「組織力」が存在する。

しかしながら、このようなリーダーとしての資質は、一朝一夕でつくられるものではない。なぜなら、日々の業務という短期的な視点と、先を見通す中長期的な視点といった、性質のまったく異なる二つの視点を同時に獲得していかなければならないからだ。

とくに、これから次世代リーダーとしてトップマネジメントを目指すマネジャーは、出世するたびに徐々に統括範囲が広がるので、各業務の詳細をすべて自分でコントロールすることは不可能になってくる。そのため、自分の苦手な領域は、チームの連携で補っていくことが必要になってくるのも事実である。

ただ、いずれにせよ、自分自身で双方の視点に多かれ少なかれ関わったうえで、意思決定を行っていかなければならないのがマネジャーという立場である。マネジャーは、高い志と使命感を持って、「オーバーアチーブのためのリーダーシップ」と「戦略マインド」の双方を鍛え、日々の業務の中で自己研鑽を積み、最強の「組織力」を構築していくために、最大限の努力を行わなければならないのである。

「物語」を語る

リーダーシップ力の一つの側面に、人の心を動かし、共感を呼び、求心力を高める力があるが、それはどのように高められるのか。人は単なる事実の羅列ではなく、それらが一つの「物語」になった時に感銘を受け、心を動かすものだ。マネジャーがリーダーシップを発揮するためには、常に「物語性」を意識しておくことは非常に有効である。

身近な例で「物語性」について説明しよう。

最近は、「なぜ?」と首をかしげたくなる理不尽で悲しい事件が頻繁に起こっている。筆者も子どもを持つ親として、とくに何の理由もなく突然子どもの命が奪われてしまう事件を耳にするたびに、心が張り裂けそうになってしまう。しかしこの想いは、子どもを持つ前と後では、心へのインパクトの大きさに格段の差があることが、自分自身に照らし合わせてみても言えるように思う。

これは、子どもとの生活や経験を通して、その不幸にあわれたご家族の悲しみが、鮮明な「物語」として頭の中に描けてしまうからではないだろうか。もし万一、そのような事件が身近な知り合いで起こったとしたら、その事件が心に与えるインパクトはさらに大きくなるだろう。なぜなら、そのご家族の「物語」が、これまでの付き合いを通じ、さらに現実味を持って心に迫ってくるからである。

これが「物語」の持つパワーだ。ある事柄が、自分との関連性が強く、連想が広がり、そしてそれが「物語性」を持って伝えられる時、それは心の奥深くに大きなインパクトを与えることになる。まったく知らない国で起こった、背景のよくわからない事件が心に与える影響が比較的小さいのは、そこに「物語性」がほとんどないことから来ているのではないだろうか。

組織内でのコミュニケーションに「物語性」を持たせるということは、指示や説明を行う際に、前後の文脈をしっかりと語ることだ。たとえば、メンバーが苦労の末、新製品を開発した場合、そのメンバーがどれだけ苦労をしてきたのか、どんなエピソードがあったのか、メンバー自身にとってまた会社にとってその新製品がどう重要なのか、などをしっかり営業部門やマーケティング部門に説明することだ。それによってその新製品を販売していく力は大きく変わり得るものなのである。

マネジャーは、そのリーダーシップを発揮するうえで、この「物語性」を無視することはできない。最大限活用し、自らのメッセージの「貫通力」を高めるべきだ。

「バイアス」の持つ力

メッセージの「貫通力」、すなわち正しい理解を促し、それを心に深く留めさせるためには、心理学からもヒントを得ることができる。それは「バイアス」という考え方だ。

「バイアス」という考え方は、人間の判断や意思決定は、常に外からのさまざまな影響に左右されるという事実である。そのバイアスによって人は間違った意思決定をしてしまうリスクがあるのだが、逆にそのバイアスをうまく利用できれば、物事をうまく進めることの助けにすることもできる。

バイアスには多くの種類が存在するが、典型的なバイアスの例を一つ紹介する（図5-8）。

いま、あなたが新しく車を買い換える場面を想定しよう。あなたはいま、A車を買うかB車を買うかで迷っている。その場合、次の二つの情報のうち、どちらがあなたの意思決定に大きな影響を及ぼすだろうか。

① 親しい友人が「最近、自分の知り合いがA車を買ったが、すでに何度か故障して、燃費もあまりよくないみたいだ」とあなたに言う。

② ある雑誌が、A車・B車を利用している千人に調査を行った結果、A車のほうが故障

図5-8　バイアスの例

ビビッドネス・バイアス（Vividness Bias）

統計的なデータよりも、身近な友人の一言のほうに大きく影響を及ぼされてしまう。

サイズ・バイアス（Size Bias）

人数の多い学校は、得てしてよい評価を受ける（よい人材を多く出せる可能性が高まり、よい認知が高まりがち）。

アベイラビリティー・バイアス（Availability Bias）

思い出されやすい事柄に偏って、物事の起こる頻度などが判断されがちになる。

サンプリング・バイアス（Sampling Bias）

人が持つ情報には、通常偏りがあり、その偏りのある情報にもとづく判断を行ってしまう。

レプリゼンタティブネス・バイアス（Representativeness Bias）

ある事柄の判断をする際に、その事柄の属する集合のステレオタイプ（固定概念）によって判断されがちになる。

ハインドサイト・バイアス（Hindsight Bias）

やはり自分の思ったとおり、言ったとおりだったと思いがちになってしまう。ハインドサイト・バイアスは自信過剰を助長する。

出所：Managerial Decision Making Class Note (Prof. Richard Thaler, 1994 Fall Term, MIT Sloan School of Management)より引用

頻度が高く、燃費も悪いという事実が明らかになった。

統計的には、もちろん②のほうが信憑性が高く、①のほうは低い。しかし、親しい友人の言葉は、実際に持つ意味合い以上に、あなたの意思決定に大きな影響を及ぼすことになるのではないだろうか。

これは「ビビッドネス・バイアス（鮮明さからくるバイアス）」と呼ばれるバイアスで、身近

な人の生々しいコメントや、わかりやすい事例が、人の判断や行動に大きく影響を及ぼす例である。このような「バイアス」も「物語性」と同様、リーダーシップを発揮していくうえで使わない手はない。

「物語性」と「バイアス」を上手く利用するには

いま取り上げたような「物語性」や「バイアス」の持つ力を、優れた企業はうまく活用している。経営理念などについて創業者やCEOが本を出すことも、社外に対するメッセージ発信としての役割もさることながら、社内に対するメッセージ発信のツールとしても有効である。しかし、それ以外にもさまざまな工夫の仕方がある。

ハワード・シュルツ氏の率いるスターバックスは「物語づくり」という面で、非常に優れた工夫を行っている。

そもそもスターバックスという企業名自体が、メルビルの小説『白鯨』に出てくるピークォッド号に乗るコーヒー好きの一等航海士の名前に由来している。この名前が大海原のロマンと初期のコーヒー貿易商人たちを連想させる。また、緑色のロゴマークに描かれている尾が二つある人魚は、北欧神話に出てくるセイレンと呼ばれる人魚で、美しい歌声で航海士たちを魅了すると言われている。

実は、スターバックスという名前とセイレンのロゴマークには、大航海時代のロマンをもってコーヒーで人々を魅了したいという想いが込められており、その想いは全社員で共有されている。ロゴマークや社名を絡めた「物語性」を用いて、コーヒーへのこだわりという重要な差別化要素を社員の心に浸透させているのだ。

具体的なエピソードによってビビッドネス・バイアスを利用している例もある。たとえば、３Ｍとフェデックスがその例として挙げられる。これらの事例では企業として踏み外してはならないポイントを事例の中でうまく表現し社内に浸透させている。

「３Ｍでは、ある副社長のストーリーが語りぐさとなっている。この人物は、ある新製品のアイデアをくだらないと思った上司がこの製品から手を引くよう命じたにもかかわらず、この製品にこだわりつづけ、若くして解雇されてしまった。だが彼は解雇後も空き部屋に居残り、無報酬でその新製品のアイデアに取り組んだ。結局、彼は再雇用され、製品は成功を収め、副社長へと昇進した。このストーリーは自らの信じるものにこだわる姿勢を同社が評価することを象徴している」

「フェデックスのストーリーは、集荷ボックスのカギをなくしてしまったある配達員にまつわるものである。彼は鍵をなくしたことにより、むざむざ配達を遅らせることはしなかった。集荷ボックスを地面から引っこ抜き、配達車に載せると、集配センターに大急ぎで戻り、ボックスをこじ開けて翌日には中身を無事配達先に届けたのである。同社の従業員はこのストーリーを語ることで、顧客を最優先することの重要性を伝え合っているのである」

（ともにリチャード・L・ダフト『組織の経営学』）

このように「物語性」と「バイアス」をうまく利用しながら、マネジャーとしてのリーダーシップを強化することも考えてみてもらいたい。

マネジャーの自己診断のチェックポイント

最後に、マネジャーが最強の「組織力」のためのリーダーシップを発揮するうえで、とくに留意すべきポイントがいくつかあるので、それを整理しておきたい。

❶ 情報の偏りをなくす

一つ目は、情報の偏りがないかを常に意識し、その偏りを極力なくすように心がけることである。とくに組織やチームに関する情報源が、特定の人物に大きく偏ってしまうと、それが「キツネの権力」の温床となり、組織の腐敗を招きかねない。

マネジャーは気づかぬうちに、いつの間にか現場から遊離し「トラ」になりがちだ。特定の人物にしか信頼を置いていないのではないか、ひょっとするとその人物の言うことしか聞いていないのではないか、といったことをまずは自問自答してみてほしい。

往々にして「キツネ」になる人物は、単なるイエスマンである場合が多い。上司にとって「キツネ」は非常に心地よい人物なのだ。できれば、上下を問わず、まわりの人間（とくに辛口のことを言う人）から、率直な意見を常日頃から聞いておくべきだ。

残念ながら、情報源が特定の人物に偏りがちなマネジャーやトップマネジメントは、多くの場合「聞き下手」なものである。多面的な情報源を持ち聞く耳を持つことは、人や物事を多面的に見て、さまざまな切り口で理解するためにも重要である。マネジャーの「戦略マインド」の広がりや人を理解し育てていく「オーバーアチーブのためのリーダーシップ」の強化にも必ず役に立つはずである。

まず自らの情報源に偏りがないかを振り返り、「聞く姿勢」を持つことから始めなければならない。

❷ チームの多様性

次に、自分のチームの多様性を保つことだ。つまり、チーム内にさまざまなバックグラウンドや、強み、価値観を持った人間を幅広く持つことである。チームの多様性が、メンバー同士でお互い足りない部分を補い合い、チーム力を強化することにつながる。

それに加えて、チームの多様性を維持することは、新たな「創造」を生み出すことにもつながる。通常、均質で静的な状態からはなかなか新しいモノは生まれてこない。多様で異質なものがぶつかりあう場からこそ、異質なものの組合せによる斬新なアイデアや、新しい発想が「創発」的に生まれることが多いものである。

人間誰しも自分と同じ価値観や興味を持ち、気心の知れた同質な人を信頼しがちなものだ。しかしマネジャーは、組織の多様性を維持するためにも、「異質なもの」を排除してはいけない。自分と異なる価値観を持つ人をも受け入れ、彼らを信頼するだけの度量を持ち合わせる必要も大きい。あえて多様なものを取り込む努力をしなければ（人間は同質なものを好む性向があるため）知らぬ間に、自分の組織やチームは単一的なものになりかねない。

ただ、気をつけなければならないのは、多様性を確保するといっても、それはチームの人数が多ければいい、というものではないということだ。多すぎるとチーム内で分断が生じたり、見えないところで不協和音が生まれ、人数が多いためにそれに気づきにくいということにもなる。とくに自分を補佐してくれるマネジメントチームとなればなおさらだ。まさに「船頭多くして、船、山に登る」ということにもなりかねないのだ。

たとえば、トップマネジメントでは、三名の経営体制が大きな強みを発揮するケースが多い。二対二に分かれることもなく、コミュニケーションも密に行うことができ、マネジメントチーム内に派閥ができる大きさでもない。「三」という数字から来る不安定さによって、時にはＡさんとＢさんが何かを強力に進めたり、また時にはＢさんとＣさんが、Ａさんの説得を行ったりと、適度な緊張と弛緩を繰り返し、相互関係のバランスを保つことができるのだ。

また三人であれば、たとえば一人はカリスマ的な存在、一人は実務家、一人は参謀役、といった形で役割分担することもでき、経営全般を相互補完しつつ遂行しくこともできる。その典型的な例が「ＣＥＯ、ＣＯＯ、ＣＦＯ」の経営体制である。

一人でできることは限られる。とくにトップマネジメントに近いマネジャーは、三〜五名程度の、少数で多様性を持ったマネジメントチームをできるだけ早くつくり、そのチームの多様性を維持していくことを心がけるべきである。

❸ 一〇〇%コントロールしない

三つ目は、すべてをコントロールすることはできないということをしっかり理解することだ。マネジャーとして意思決定すべき課題を明確にしたうえで、現場に裁量を与えるべきことは現場に裁量を与えるということである。

すべてを管理しないという考え方は、実は組織の本質的な課題でもある。旧ソ連の計画経済が崩壊したのは、まさに、この「一〇〇%のコントロール」を目指したからだ。

旧ソ連の計画経済では、強固な階層組織によって上から下へとすべての行動を指示・実行することですべてがうまく進むはずだった。しかし、すべての情報を中央で管理し末端まで指示することは現実的には不可能だったのである。経済はそれほどに複雑なシステムなのだ。経済のような複雑なシステムは、企業や個人がそれぞれのレベルで自由裁量を持ち、緩やかにつながる形でなければうまく機能しないものである。

企業組織もそれと同じである。すべてを管理できると考えてはならない。マネジャーは「シンプル」で「整合性」のあるビジネスモデルに沿った意思決定を行い、顧客と共有する「場」との密着度を上げる環境を整えたうえで、メンバーの自発的な動きを促していかなければならない。そして彼らがオーバーアチーブするための支援を行っていくべきなのである。あまりに、細かなことまで口をはさみすべてをコントロールしようとすると、チームのやる気を殺ぎ、現場が混乱し、結果として「組織力」を殺いでしまう。

❹ シンプルを心がける

最後の留意すべきポイントは、「シンプルを心がける」ということだ。

ビジネスモデルと同様に、業務プロセス、仕組み、ルール、組織構造など、これらはすべてシンプルであることに越したことはない。複雑な仕組みからはダイナミズムは意外に生まれない。ダイナミズムはシンプルでわかりやすいルールと、前述の多様性から生まれてくるものなのだ。

では、仕組みやルール、体制が複雑になりすぎている場合はどうすればいいか。それは、それらを徹底的に破壊し、ゼロベースでつくり直すという「大手術」に賭けるしかない。手遅れになる前に、すべてにおいて「シンプル」かどうかを問いつづけ、志を同じくするマネジャーが力を合わせて組織を変える努力を継続的に行わなければならないのだ。

マネジャーのリーダーシップを考えた場合、最後の目指すべき姿は「忘れられる存在」になることではないだろうか。

これは、もちろん、使い物にならないから、忘れられるといった意味ではない。常に、

「オーバーアチーブのためのリーダーシップ」を発揮し、チームもオーバーアチーブさせるマネジャーになる、組織の本質を理解し、正しい「戦略マインド」を持って意思決定を行い、組織を動かすマネジャーになる、ということだ。すなわち「あいつに任せておけば安心」とまわりが思い、忘れていていいくらいに信頼されるマネジャーを目指すべきだということである。

このようなマネジャーが多く存在することが、「遂行能力」と「戦略能力」をあわせ持つ最強の「組織力」を有する企業を生み出す必要条件だ。そして、「忘れられるマネジャー」が自発的に動きながら、顧客との共有する「場」を中心に、組織がダイナミックに進化していく時、最強の「組織力」が中長期にわたって継続していく。

6
CHAPTER

第 6 章
真のリーダーを目指して

一〇〇％正しい情報にもとづく、一〇〇％正しい意思決定などあり得ない。それでも、日々意思決定を行わなければならないのがリーダーだ。

しかし、その意思決定に万人が納得することはない。それ故リーダーは孤独なものである。そのようなリーダーに強さを与えるのは、自分は自分という信念と使命感、人生に対する真摯な態度である。

リーダーシップを発揮することの難しさ

ここまで、マネジャーが身に付けるべき「オーバーアチーブのためのリーダーシップ」と「戦略マインド」について議論してきた。これらはともに非常に重要で、マネジャーが「組織力」を高めていくために必須となる力である。しかし、実はこれだけではダメなのである。この二つの能力はあくまで必要条件であり、十分条件ではないのだ。

これまでの議論はどちらかというと、マネジャーが持つべきスキルや、そのスキルを獲得し、発揮するための方法論が中心であった。ただし、何事も実行していかなければ始まらない。そして実行していくために、マネジャーは、実際に日々判断をし、意思決定を行っていかなければならない。

これはスキルだけで片づけられる問題ではない。意思決定の中には、理屈は十分通っているものの厳しく辛いものもある。しかし、マネジャーがその意思決定を行っていかなければ、組織は前に進まず、「組織力」を高めることはできない。マネジャーは「オーバーアチーブのためのリーダーシップ」と「戦略マインド」を発揮するうえでも、正しい意思決定を行うリーダーとしての強さが求められることになるのである。

元来、意思決定は非常に難しい作業である。なぜなら、一〇〇人が一〇〇人とも賛成するような決断はなく、どのようなすばらしい意思決定をしても、かならず誰かから誹謗中傷を受けたり、陰口をたたかれたりするからだ。そもそも、正しいのだがなんらかの痛みをともなう決断も数多く存在する。意思決定を行うと必ずどこかで批判され、意思決定をしなければ、それはそれで問題の先送りだと批判される。

意思決定とはそういうものなのである。そして、組織の上にいけばいくほど、その意思決定の影響範囲はどんどんと大きくなり、リーダーに重く責任がのしかかってくる。

また、意思決定は、最後は自分一人で行わなければならないものである。このような大きなプレッシャーと孤独感はなかなかまわりの人には理解されないものである。しかし、それでもリーダーは意思決定を行う役割を担っている。

以前、ある会議に出席し、愕然としたことがある。その会議の席で、非常に難しい課題を検討している際に、最も責任のあるリーダーが以下のような発言を行った。

「皆さんが非常に優れた分析を行い、検討を進めてくれたことに対して、心より感謝しています。ぜひ、この後も検討を重ね、当社にとってベストな選択肢を選んで実施してください」。

この発言の中には、リーダーとしての価値はまったく見られない。何も決められないリーダーのふがいなさは、組織を腐らせていく効果以外の何物も、もたらさないのだ。

そこで本書の最終章である第6章においては、この意思決定を行っていくために必要な強さを持つためにはどうしたらよいか、について議論をしていきたい。すなわち、「オーバーアチーブのためのリーダーシップ」と「戦略マインド」を現実のものとするための最後の一歩を明確にしていきたいのである。

主観性を持つことの重要性

まず、意思決定は、しっかりとした主観性にもとづく判断であるということが重要だ。主観性にもとづく判断とは、自分の経験や価値観すべてにもとづく判断で、かつ自分としての精一杯の判断である。それは、たとえ他人にどう思われようがそれ以上の答えは自分の全人格に照らし合わせても出てこない、という確固たる確信のことだと言うこともできる。

主観性を持つためのポイントは二つある。

❶ 一〇〇%正しい意思決定は存在しないことを肝に銘じる

不確実な状況の中において意思決定を行う以上、できるだけ多くの情報を集め、客観的に物事を分析することは非常に重要である。しかしながら、一〇〇%すべての情報をタイムリーに収集することは不可能だし、客観的な分析から一〇〇%の正解が機械的に出てくることを期待するのも現実的ではない。

また、どのような意思決定であっても、すべての利害関係者の目的を満たすことは難しい。長期的な目的を達成するためには、短期的な目的を犠牲にせざるを得ない場合もある。「あちらを立てれば、こちらが立たず」ということも多いものだ。

結局、誰かが、情報の足りない部分や矛盾する内容などを引き取ったうえで、意思決定を行わなければならないのだ。それ故、一〇〇%客観的に正しい意思決定など不可能なのである。最終的には、その意思決定者、すなわちリーダーであるマネジャーの主観性が入らざるを得ないのだ。

❷ 自分は自分という割り切りを持つ

少し話は戻るが、そもそも主観性とは何だろうか。それを理解するために、少し廻り道になるが、幼児から大人に至るまでの心の発展に関する高橋和巳氏（精神科医）の『人は変われる』（三五館）に立脚しつつ説明をしてみたい。

生まれたばかりの幼児は客観的な世界の存在を知らない。幼児にとっては主観的な世界しか存在せず、世界は自分の主観のままに動くと信じている。彼らはお腹がすけば大声で泣いて世界を動かす。するといつの間にか目の前に母親の温かいミルクがあらわれる。

やがて成長していくにつれて、自分の主観とは離れた客観的な世界が存在することをしっかり理解するようになる。いくらお腹がすいて大声で泣いても母親がいなければ、ミルクがあらわれないのを知るのは、客観性の最初の学習であるかもしれない。

客観性を獲得するということは、自分の世界の幅を広げていくということに等しい。自分だけの世界に、母親が登場し、ついで家族や友人が登場してくるのだ。そして、世の中や物事を客観的に見て判断していくことを覚えていく。

しかし、やがて人は人生の後半にさしかかると、客観的で永続的な世界に対し、自らの人生は有限であり、いずれは終わりが来るという厳然とした事実を認識することになる。そして、限りがあるが故に「個々の人生」が大きな意味を持つということを真に理解し、ふたたび主観性を取り戻しはじめるという。まさに、自分は自分であり、一人しかいないユニークな存在であるという「割り切り」である。

しかし、幼児のように世界を思いのまま動かせる主観性に戻ることはできない。確固として存在する客観的な世界をそのまま受け入れ、それを全体的に包み込んでしまうような主観性を構築していかなければならない。そして、その形ができあがってきた時、真に成熟した大人は幼児がそうであるように、何の疑いもなく、自信と確信をもって自分の人生を主張できるようになる、といったような内容である（図６－１）。

図6-1 主観性の再構築

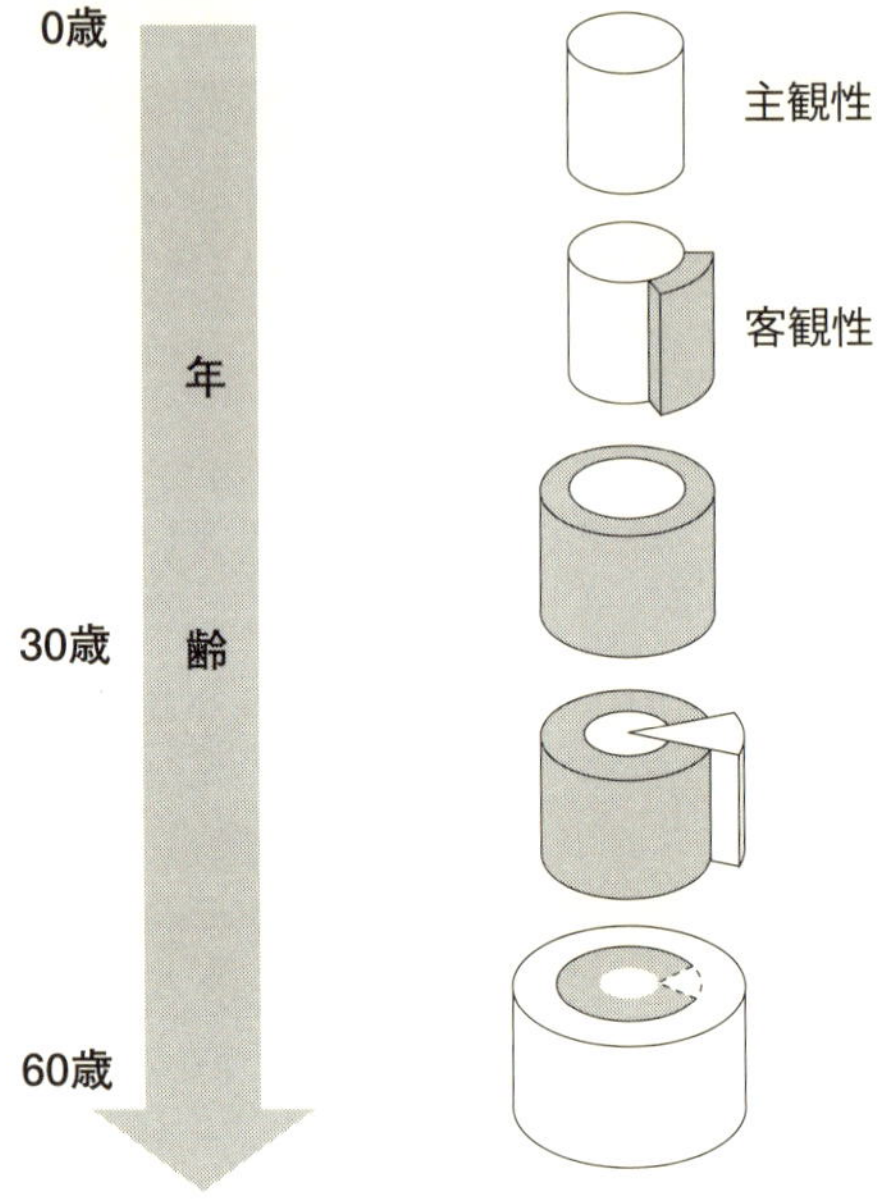

出所：高橋和巳『人は変われる』三五館、1992年、p.113とp.115より筆者らが作成

このように、客観性を土台にし、そのうえで「自分はやはりこう思う」といった確固たる意思決定には強さが宿るものだ。それは単なる自分勝手な判断とか、何でも自分の意を通そうとするわがままということではない。あくまで確固たる客観的な視野を持ったうえでの主観的な判断であるべきだ。まさに「自分は自分」と割り切ったうえで下した真摯な結論は、それらの実行、推進に力強さを与え、「オーバーアチーブのためのリーダーシップ」と「戦略

マインド」の実現に迫力を加えていくことになる。

一〇〇％客観的な事実にもとづいて一〇〇％機械的に意思決定することは不可能である。そこにリーダーとしての主観性が入ってくる。しかし、主観性が入ってくるが故に、その意思決定には、強さが宿ることになる。先ほどの会議における発言の例で言うならば、真のリーダーとしては、せめて「分析・検討については十分理解できたので、ぜひ、私はこの選択肢の方向で進めたい。ぜひ、私を信じてついてきてもらいたい」と物事を前に進めるべきであったと思う。

使命感を持って「組織力」を高める

最後に、使命感を持って臨むことの重要性について述べたい。

誰から聞いた話かは忘れたが、歌手が自分の過去のヒット曲を何十年も歌いつづけられる力の源は、歌うことが好きだからだとか、その曲が好きだからということではないらしい。その原動力は、その歌を聴きたいと思っている人に聴かせてあげたいという使命感にあるらしい。その使命感こそが歌いつづける力を歌手に与えているようだ。

ビジネスマンもそれと同じではなかろうか。使命感を持って取り組まなければ、継続する力は生まれない。その使命感は、各人の「自分は自分」といった割り切りにもとづく、十人十色なものであろう。それは、自分の会社を一流会社にしてみせるでもいいし、橋を架けたい、地域に貢献したいでもいい。いずれにせよ、使命感の存在しないところには、物事を継続的に前へと進めていくことを期待するのは難しい。

ここで重要なことは、その自分の使命感と自分が所属する組織の目的との接点を明確にすることだ。その重なりが大きければ大きいほど、自分が継続的に発揮していく力が、所属する組織の「組織力」を高めることにより大きく貢献していくことになる。あるいは、真のリーダーとしては、発想を逆転し、自らの使命感を果たすために、組織を動かしていくくらいの気概を持つことも必要であろう。

本書では、「組織力」を「遂行能力」と「戦略能力」の掛け算として定義した。そして、組織の減衰作用に打ち勝ち「組織力」を高めるために、マネジャーの「オーバーアチーブのためのリーダーシップ」と「戦略マインド」をどう鍛えていくべきかについて議論を行ってきた。そして、本章で述べた「主観性」と「使命感」がマネジャーの力をさらに強化し、真のリーダーへと変えていくのだ。

真のリーダーが増えることが「組織力」を高めることにつながり、そして、それが、真のリーダーに充実した人生を約束する。本書では、このような好循環をつくるためにはどうしたらよいか、という質問に答えるために、議論を展開してきたとも言えるのではないかと感じている。ぜひ、マネジャー諸氏には最強の「組織力」をつくり上げることに邁進してもらいたい。

おわりに

筆者の二人が出会ったのは、もうかれこれ七年ほど前のことである。

平井がデルコンピュータで法人向けマーケティング部門の責任者をしていた時、古田は法人事業本部の責任者としてデルコンピュータに入社してきた。デルコンピュータ時代は、二人は上司と部下であり、また良き友として苦楽をともにしてきた。いまは、それぞれ別々の会社で働きながら、時々、旧交を温めている。

二人にとってデルでの経験は非常に貴重なものであった。まず「シンプル」で「整合性」のあるビジネスモデルがいかに強力なものであるかということを、身をもって体験することができたことである。さらに、そのビジネスモデルをすさまじいスピードでまわしているのは「人」であり、その「人」にこそ組織の力の源泉が宿るという実感であった。とくに、組織の要となるマネジャーが、組織の力を語るうえでは非常に重要であるとの確信を持つに至ったのもデル時代である。このような経験が本書の土台の一つになっていることは間違いない。

もともと本書執筆のきっかけは一昨年の夏に二人が再会したことにある。デル以外はまったく異なるキャリアを持つ二人が、それぞれの体験と学んだ理論を体系化できれは、必ずや次代を託すマネジャーの今後の研鑽のためのヒントを提供できるに違いない、と考えたことがそもそもの始まりであった。文字通りコンビの再結成である。

そのような二人が、理論と実践の両面から幾度にもわたる議論を行い、最強の「組織力」をどうつくり上げていくのか、そのためにマネジャーは何をすべきか、について体系的に整理したものが本書である。この中では、優れたマネジャーとなるために必須の条件である「オーバーアチーブのためのリーダーシップ」と「戦略マインド」について詳しく議論をしている。ぜひ、リーダーシップを発揮するうえでの参考としてもらえればこの上ない幸せである。

二〇〇五年二月

古田　興司
平井　孝志

「組織力を高める」32のキーワード解説

ア

【ＭＢＯ（Management by Objective)】

組織と個人、両方の目的の整合性をとったうえで、個人が達成すべき成果を定め、それに対する評価を行うという方法。日本語では「目標管理制度」とも呼ばれ、減点主義ではない成果主義の考え方にもとづく評価手法。通常エム・ビー・オーと読む。

【ＯＪＴ（On the Job Training)】

通常の業務を通じて、仕事の進め方や考え方をトレーニングしていくという考え方。人材育成のうえで最も重要な部分。ＯＪＴに対して、社内研修や外部研修などはOff JTと呼ばれることもある。

【オーバーアチーブ】

常に期待を超える成果を出していくこと。言われたことを着実にこなしていくだけではなく、それを超えていく喜びも理解し、自発的に活動を進めている状態のことを指す。オーバーアチーブする人材が増えていくことで、「期待を超える組織」がつくられていく。

カ

【学習する組織】

マサチューセッツ工科大学のピーターセンゲ氏の提唱する組織概念。人がたゆみなく能力を伸ばし、革新的で発展的な思考パターンが育まれ、結果を出していくことのできる組織のことを指す。物事をシステム的に考えることにその基盤を置き、「管理する組織」という通常の概念と対比される。

【完遂力】

目的を深く理解し、やり遂げ、確実に結果を出していく力のこと。良きにつけ悪しきにつけ、すべては結果によって判断される。企業組織も人も、まず着実に成果を出し、そこから何かを学んでいく力が強く求められている。

【官僚制】

しっかりとした機能と権限の体系を持ち、合理的なプロセスに従って組織を管理していく方法。よく、非効率で形式主義といった悪いイメージの言葉として使われることが多いが、実は組織設計の基本中の基本。優れた官僚制なくしては、通常、組織は力を発揮できないものである。

【キャリア意識】

自分の将来像を描き、その実現のために、自分のキャリア形成を考えていくことを指す。近年、海外駐在経験者、海外で勉強してきた人、働く女性なども増加し、キャリアゴールも多様化している。それぞれの価値観に合ったキャリア形成の重要性が増している。

【木を見て森を見る】

物事の本質を見極めるためには、全体の動きやパターンと、ミクロレベルで起きていることを同時に理解する必要があることを意味する。なぜなら、事象が複雑に絡み合う場合、ミクロレベルでの小さな出来事が全体の振る舞いを左右し、同時に全体の振る舞いが個々の要素の動き方を支配するという、相互の関連性が重要となるからである。

【減衰作用】

「組織力」の発揮を阻害する、組織が本質的に持つマイナス要因。「情報の減衰」「力の減衰」「フィードバックループの減衰」「顧客の声の減衰」の四つに分類される。これらはすべて人の持つ特性や認知能力の限界から来るものである。

【顧客との共鳴力】

顧客と共有する「場」との密着度を高め、真の顧客ニーズや生の声を肌で感じるとともに、そこに、成長や問題解決のための答えまでも見出していく力。顧客と共有する「場」には、ニーズのみならず、それに対する答えも用意してくれている場合が多い。

サ

【自己実現の欲求】

潜在的に持っている能力を実現し、自分がなり得るものになろうとする欲求。心理学者マズローの言う五段階の欲求の最終段階。組織の中で生きる以上、自分がやりたいことと組織が目指すところができるだけ一致していたほうが個人と組織の双方にとって幸せである。

【遂行能力】

最後までアウトソーシングすることのできない卓越した現場の実践力。企業活動の本質は業務(オペレーション)の反復にある。この反復の中に埋め込まれる改善活動や、期待を超えようとする組織文化こそ、企業の競争優位性を生み出すものである。これなくしては最強の「組織力」を望むことは不可能である。

【ストラテジック・プリンシプル（戦略の原則）】

ビジネスモデルのエッセンスを簡潔なフレーズで表現したもの。組織内にビジネスモデルを埋め込む際に大きな助けとなる。ウォルマートの「エブリーデイ・ロープライス」、デルの「ダイレクト」などが挙げられる。

【生物のメタファー（暗喩）】

組織を生物にたとえ、組織の本質を理解しようとするアプローチ。社会からヒト・モノ・カネの栄養素を取り入れ、製品・サービスを生み出しながら成長し、老化していく様子を捉えたメタファー（暗喩）である。そこからはさまざまな示唆を抽出することが可能である。

【戦略能力】

「シンプル」で「整合性」のとれたビジネスモデルを構築し、組織と戦略がともに進化していく適応力。優れたビジネスモデルは、それをまわしていくことが、企業のみならず顧客のニーズにダイレクトに結び付いているものである。マネジャーは、外部環境、とくに顧客の変化に合わせて、ビジネスモデルを進化させていくことが重要となる。

【戦略マインド】

確固たる理屈のフィルターを通して「シンプル」で「整合性」のあるビジネスモデルを構築・実践、そして、そのビジネスモデルを顧客起点の思考で進化させていく意志を指す。マネジャーが「戦略マインド」を持たなければ、組織は環境へ適応していくことはできない。

【相転移】

モノとしてはまったく同じものが、状況によって、ある性質からまったく異なる性質へと変化すること。それぞれの異なる状態を「相」と呼ぶ。典型的な例としては、H_2Oが挙げられる。水（H_2O）と氷（H_2O）は同じ物質の異なる「相」であり、水の「相」と氷の「相」の性質はまったく異なる。水から氷になることなどを指して、「相転移」と呼ぶ。

【創発】

全体を構成する個々の要素が、相互に関連しあうことによって全体の大きな秩序・規則性が生まれたり、個々の要素のレベルにはなかった新しい性質が生まれてくることを指す言葉。たとえば、「リンゴ」は有機高分子の絶妙なバランスの中で「リンゴ」としての性質を生み出している。いくら有機高分子の説明をしても「リンゴ」の特徴を説明することは不可能である。「リンゴ」も「創発」の賜物なのである。

【増幅作用】

「組織の減衰作用」の壁を乗り越えるため、減衰を押さえ込むのではなく、組織各所で持てる力を増幅させていくこと。そのためには「オーバーアチーブする人材」が不可欠であり、そのためには「人が育つ」組織であることが重要となる。その鍵は、実は、マネジャーがにぎっている。

【組織の要】

組織階層の中間に位置し、組織の「戦略能力」にも「遂行能力」にも大きく関われる立場にあるマネジャーのことを指す。マネジャーは、単なる組織の歯車ではなく、「組織力」を生かしもすれば殺しもする重要な立場にいることを自覚すべきである。

【組織の慣性】

組織の歴史が長くなり、規模が大きくなるにつれて、ビジネスがそれなりにまわっていく力が働くこと。環境の変化が小さい場合にはこれはプラスに効くが、環境変化が早い場合には、組織変革に対する抵抗としてネガティブな効果を生じることにもなる。

【組織の腐敗】

時が経つにつれ、ルールの複雑化や無意味な作業が増大し、組織の持つ力が低下していく傾向のことを指す。組織が腐敗するにつれ、内向きな業務ばかりが増え、社内で空理空論の議論ばかりが目立つようになる。

【組織のライフサイクル】

組織の成長と変化を考えるうえでの有効なフレームワーク。組織が成長し老化していくという、生物をメタファー（暗喩）とした考え方。四つの主要な段階、「起業者段階」「共同化段階」「公式化段階」「精巧化段階」に分けて議論される。

【組織力】

組織が自らを変革し結果を出していく力。企業組織は、変化する顧客ニーズなど環境変化に合わせ、自らの優位性を保ち、着実に事業をまわし利益を上げていかなければならない。それ故「組織力」には、組織の適応力である「戦略能力」と、それをやり遂げ、期待を超えていく卓越した現場の力「遂行能力」の二つが必要となる。

ナ

【7つのS】

マッキンゼー社の提唱した組織診断のためのフレームワーク。「Strategy」「Staff」など、7つの「S」

ではじまる英単語で構成されている。組織変革の打ち手を講じる際には、これらの「S」の間で整合性がとれていることが重要となる。

ハ

【ビジネスモデル】

顧客ニーズや戦略のあり方、また事業推進のためのルールなども包含した一連のロジックの連鎖。ビジネスモデルが「シンプル」で「整合性」があれば、組織内外に浸透させやすく、環境変化に対する組織の柔軟性も高めることができる。

【フェアか、フェアか、フェアか】

人を育て、期待を超える組織をつくるうえで重要な「公正」性を自問する言葉。評価を下す際、また評価を伝える際において、常に「フェア」であることを心がけなければ人は育たず、組織は腐敗していくものである。

【複雑系の科学】

全体システムとそれを構成する要素の関係性そのものに着目し、社会、生物、あるいは化学や物理などの領域を超えて、これまでの科学の考え方（還元主義）と異なるアプローチで物事の本質を見極めようとする新しい科学的アプローチ。

【プロフィットプール】

ある業界が生み出す利益の総合計であり、その利益が業界内でどのような形で分布しているのかを明確に表そうとする概念。産業が成長し成熟していくにつれて、通常、その形は大きく変化する。

個々の企業はその動きに応じて戦略の変更が求められることになる。

マ

【MECE（Mutually Exclusive Collectively Exhaustive）】

ミッシーと読む。各要素がお互いに漏れなく、重複がない状態で全体像を構成している状態。全体像をしっかりと把握し、効率的に物事の本質にたどりつくために重要となる概念。経営学で使われる多くのフレームワークは、通常MECEにつくられている。

【マネジャー】

大小にかかわらず、チームメンバーを率いるリーダーのこと。マネジャーは企業によっては係長、課長、部長、あるいはグループリーダーなど、さまざまな呼ばれ方をする。そして、マネジャーは「組織力」を高める鍵をにぎっている人物である。

ワ

【ワンランク上・ワンランク下】

ワンランク上の立場になって考え、ワンランク下の身になって手足を動かすことのできるリーダーを目指すべきだということ。それによって次のレベルの経験を事前に積むことにもなり、メンバーの信頼も得ることが可能となる。

参考文献

【第一章】

西浦裕二『経営の構想力』東洋経済新報社、二〇〇四年

遠藤功『現場力を鍛える』東洋経済新報社、二〇〇四年

清水洋「茨城県東海村臨界事故：組織の危機管理」『一橋ビジネスレビュー』二〇〇三年秋号、一四六〜一六一ページ

【第二章】

亀田達也『合議の知を求めて』共立出版、一九九七年

堀新太郎、竹田年朗「ポストモダンの人材マネジメント」『DIAMONDハーバード・ビジネス・レビュー』二〇〇二年八月号、八四〜九五ページ

【第三章】

小野善生「エーザイ：アルツハイマー型痴呆症治療薬の開発プロセスと組織マネジメント」『一橋ビジネスレビュー』二〇〇三年秋号、一三二〜一四五ページ

キム、W・チャン、レネ・モボルニュ「フェア・プロセス：信頼を積み上げるマネジメント」（編集部

訳）『DIAMONDハーバード・ビジネス・レビュー』二〇〇三年四月号、一〇四〜一一七ページ
「働くということ」『日本経済新聞』二〇〇四年五月二九日

【第四章】
宇井洋『なぜデルコンピュータはお客の心をつかむのか』ダイヤモンド社、二〇〇二年
小川進『イノベーションの発生論理』千倉書房、二〇〇〇年
小川進『「稼ぐ」仕組み』日本経済新聞社、二〇〇三年
ガディッシュ、オリット、ジェームズ・L・ギルバート「ストラテジック・プリンシプル」（有賀裕子訳）『DIAMONDハーバード・ビジネス・レビュー』二〇〇一年一〇月号、二六〜三七ページ
ダイヤモンド・ハーバード・ビジネス編集部編『バリューチェーン解体と再構築』ダイヤモンド社、一九九八年
「特集　会議革命」『日経ビジネス』二〇〇三年八月一八日号
花澤祐二「顧客知を軸に営業強化」『日経情報ストラテジー』二〇〇二年一月号
平井孝志「デル・モデルのしくみと戦略」『提言集二一世紀』（MCEI東京創立三〇周年記念出版）、一九九九年、六〇〜六二ページ
von Hippel, Eric, *The Source of Innovation*, Oxford University Press, 1988

【第五章】
井庭崇、福原義久『複雑系入門』NTT出版、一九九八年
エプスタイン、ジョシュア・M、ロバート・エクステル『人工社会』（服部正太、木村香代子訳）構造

計画研究所、一九九九年
北野宏明編『遺伝的アルゴリズム』産業図書、一九九三年
塩沢由典『複雑系経済学入門』生産性出版、一九九七年
シュルツ、ハワード、ドリー・ジョーンズ・ヤング『スターバックス成功物語』（小幡照雄、大川修二訳）日経BP社、一九九八年
センゲ、ピーター・M『最強組織の法則』（守部信之訳）徳間書店、一九九五年
ダフト、リチャード・L『組織の経営学』（高木晴夫訳）ダイヤモンド社、二〇〇二年
西山賢一『勝つためのゲームの理論』講談社、一九八六年
沼上幹『組織戦略の考え方』ちくま新書、二〇〇三年
Arthur, W. Brain, "Positive Feedbacks in the Economy," *Scientific American*, Feb. 1990, pp.92–99
Managerial Decision Making Class Note (Prof. Richard Thaler, 1994 Fall Term, MIT Sloan School of Management)

【第六章】

高橋和巳『人は変われる』三五館、一九九二年

著者紹介

古田　興司（ふるた・こうじ）

第二電力株式会社代表取締役社長.
早稲田大学大学院理工学研究科修士課程修了.
パナソニック（旧松下電器産業／旧松下通信工業）を経て，モトローラ日本法人にて経営会議メンバー，デルコンピュータで専務取締役，レベルスリー・コミュニケーションズで代表取締役社長，UCC上島珈琲株式会社では取締役副社長を歴任.
その後，再生ファンドであるフェニックス・キャピタル，MKSパートナーズ，アドバンテッジパートナーズ，日本みらいキャピタルの投資先企業の事業再生のための経営に従事，直近では日産大阪販売代表取締役を務めた.
主な著書に『オーバーアチーブ』（東洋経済新報社）がある.
Eメール：furuta071447@outlook.jp

平井　孝志（ひらい・たかし）

筑波大学大学院ビジネスサイエンス系教授.
東京大学教養学部基礎科学科第一卒業，同大学院理学系研究科相関理化学修士課程修了．マサチューセッツ工科大学（MIT）MBA．早稲田大学より博士（学術）.
ベイン・アンド・カンパニー，ローランド・ベルガーにおいて産業財，ハイテク，商社など幅広い業界に対するコンサルティングを実施．中期経営計画策定，営業・マーケティング戦略立案，およびその実行支援などを行う．デル，スターバックスなどでのマネジメント経験も有する.
早稲田大学ビジネススクール客員教授，慶應義塾大学ビジネススクール特別招聘教授を兼務.
主な著書に『日本企業の収益不全』（白桃書房），『本質思考』（東洋経済新報社）などがある.
Eメール：hirai.takashi.fw@u.tsukuba.ac.jp

組織力を高める

2005年2月24日　第1刷発行
2017年4月26日　第15刷発行

著者　古田興司／平井孝志
発行者　山縣裕一郎
発行所　〒103-8345 東京都中央区日本橋本石町1-2-1　東洋経済新報社
電話　東洋経済コールセンター03(5605)7021
印刷・製本　ベクトル印刷

Printed in Japan　ISBN 978-4-492-53190-7　http://toyokeizai.net/